1.300 PALAVRAS em INGLÊS

para PEQUENOS e GRANDES

Todolivro

©TODOLIVRO LTDA.

Rodovia Jorge Lacerda, 5086 - Poço Grande
Gaspar - SC | CEP 89115-100

Texto:
Ana Cristina de Mattos Ribeiro

Ilustração:
Belli Studio / Todolivro

Revisão:
Ruth Marschalek
Tamara B. G. Altenburg

IMPRESSO NA CHINA

Dados Internacionais de Catalogação na Publicação na (CIP)
(Câmara Brasileira do Livro, SP, Brasil)

Scottini 1.300 Palavras em Inglês [Texto: Ana Cristina de Mattos Ribeiro;
Ilustração: Belli Studio / Todolivro] – Gaspar, SC: Todolivro, 2023.

ISBN 978-85-376-4278-8

1. Inglês – Dicionários infantojuvenis – Português
2. Português – Dicionários infantojuvenis – Inglês

I. Scottini – II. Ribeiro, Ana Cristina de Mattos. III. Belli Studio.

19-24828   CDD-423.69

Índices para catálogo sistemático:

1. Inglês: Dicionários infantojuvenis : Português 423.69
Maria Paula C. Riyuzo - Bibliotecária - CRB-8/7639

Lembre-se com seus olhos

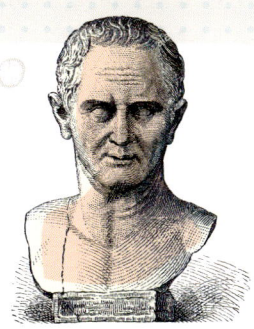

Você sabe como o grande orador Cícero conseguia se lembrar de seus discursos para os senadores romanos?
E de como o orador grego Demóstenes nunca perdia o fio do discurso?
A melhor maneira de lembrar um conceito abstrato é combiná-lo com algo concreto.
A memória visual é muito importante, inclusive para aprender inglês.
Olhe para os desenhos abaixo. Dificilmente se esquece de como eles são e do que representam...
Quem aprende assim, não esquece jamais!

Guia de pronúncia

A pronúncia, em inglês, foi simplificada ao máximo para facilitar o auxílio que os pais darão à criança. Pronuncie as palavras grifadas em (azul) como se estivesse lendo-as em português e você será suficientemente bem compreendido.

O uso dos acentos mostra qual deve ser a sílaba tônica e qual entonação ela deve ter. Um bom exemplo está na palavra banana: em português nós a dizemos como (banâna), mas em inglês ela é pronunciada como (banána).

ALGUMAS DICAS PARA MELHORAR A PRONÚNCIA:

TH - é um som que não há em português. Então, sugerimos que se tente emitir essa pronúncia aproximando a língua dos dentes frontais, e soltando o ar levemente entre eles, enquanto se pronuncia a palavra. No Brasil, é um som parecido com a anquiloglossia (língua presa).

o **TH** pode ter som parecido com **F**, mas não igual, que é ouvido em palavras como mouth (máuf), bathrobe (báfrôub) ou thanks (fánks). Também pode ter som leve, parecido com **D** ou **V**, mas não igual, como em this (dís), that (dát), the (dê) ou clothes (clôves).

A pronúncia do **R** em inglês é bem diferente do que estamos acostumados. Ela é chamada de "r-retroflexo", mas é mais conhecida como "r-caipira". Em palavras que começam com **R**, como rain, robot, rat, o primeiro **R** deve ser pronunciado "dobrado". Imagine uma pessoa do interior dizendo "portão". O jeito como dobramos a língua para dizer essa palavra é o jeito que o **R** em inglês deve ser dito. A nossa primeira reação é pronunciar essas palavras com a garganta, então, aos poucos, tente "dobrar" a língua no primeiro **R**. Preste atenção em filmes e músicas, pois eles lhe ajudarão bastante.

As palavras que iniciam com **H** devem ser pronunciadas com a garganta, tal como em "horse" e "hippo".

Não coloque o "**I**" no fim das palavras, tal como em **crab (cráb)**, **elefant (élefant)**, **dove (dôuv)**, **giraffe (djiráf)** ou **garage (garádj)**. As palavras em inglês, diferentemente do português, comumente terminam com som de consoante.

Palavras que terminam com "**M**" ou "**N**" têm a sua pronúncia bem acentuada. Um bom exemplo é **comfort (cômmfort)**. Em português nós lemos confort, mas em inglês o **M** é bem evidente. Outro ponto pode ser observado em **sun**: no inglês o **N** é bem pronunciado no fim da palavra, tal como **(sânn)**.

W tem som de **U**, que pode ser ouvido em **what (uót)**, **water (uóter)** e **flower (fláuer)**, com exceção de **who**, que se pronuncia como **(rú)**.

Existe diferença entre algumas palavras e entre a pronúncia do inglês americano e do inglês britânico. Por isso haverá determinado vocabulário, assim como determinadas pronúncias, que serão diferentes daquilo que se está acostumado a ver/ouvir todos os dias, tais como **soccer** e **football**, **motorcycle** e **motorbike**, **sneakers** e **trainers**, **airplane** e **aeroplane**, dentre outros.

A / AN
(ei / én)
UM / UMA

ABOVE
(abâv)
SOBRE /
ACIMA DE /
A RESPEITO DE

ABSENT
(absént)
AUSENTE

ACCIDENT
(éksident)
ACIDENTE

ACROSS
(akrós)
ATRAVÉS

(TO) ADD
(tu éd)
ADICIONAR /
SOMAR

ADDRESS
(adrés)
ENDEREÇO

ADULT
(ádolt)
ADULTO

ADVANTAGE
(édvéntidj)
VANTAGEM

ADVENTURE
(advéntchur)
AVENTURA

AFRAID
(afreid)
AMEDRONTADO

AFTER
(éfter)
DEPOIS / APÓS

AGAINST
(aguénst)
CONTRA / EM OPOSIÇÃO A

AGE
(eidg)
IDADE

AIRPLANE
(érplein)
AVIÃO

AIRPORT
(érpórt)
AEROPORTO

ALARM CLOCK
(alarm klók)
DESPERTADOR

ALIVE
(alaiv)
VIVO / COM VIDA

ALL
(ól)
TODO(S) / TODA(S) / TUDO

ALONE
(aloun)
SOZINHO / SÓ / SOLITÁRIO

ALSO
(alsou)
TAMBÉM

(no início de frases)

ALWAYS
(óueis)
SEMPRE

AND
(énd)
E

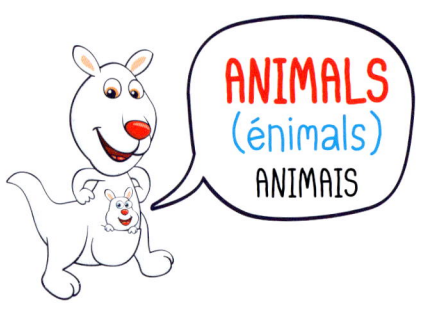

ANIMALS
(énimals)
ANIMAIS

PANDA
(pénda)
PANDA

GIRAFFE
(giráf)
GIRAFA

BEAR
(bér)
URSO

HIPOPPOTAMUS / HIPPO
(hipoupótamus / hipou)
HIPOPÓTAMO

CAT
(két)
GATO

RABBIT
(rébit)
COELHO

COW
(kau)
VACA

DOG
(dóg)
CÃO / CACHORRO

ELEPHANT
(élefant)
ELEFANTE

KOALA
(kouála)
COALA

SHEEP
(chip)
OVELHA

PIG
(pig)
PORCO

MONKEY
(mânki)
MACACO

GORILLA
(gorila)
GORILA

SQUIRREL (squirêl) ESQUILO 	**JAGUAR** (djáguar) JAGUAR / ONÇA-PINTADA 	**HORSE** (hórs) CAVALO 	**MOUSE** (maus) RATO 
MOOSE (muz) ALCE 	**LION** (láion) LEÃO 	**DINOSAUR** (dainosór) DINOSSAURO	**RHINOCEROS / RHINO** (rainóseros / raino) RINOCERONTE 
TIGER (taiguer) TIGRE	**DROMEDARY** (drómedéri) DROMEDÁRIO 	**OX** (óks) BOI	**WOLF** (uolf) LOBO 
GOAT (gout) BODE / CABRA	**ZEBRA** (zibra) ZEBRA 	**HARE** (hér) LEBRE 	**HYENA** (haiína) HIENA 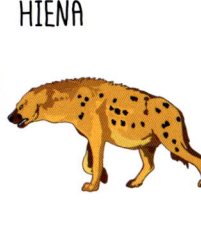

ANGEL
(éndgel)
ANJO

ANSWER
(ensêr)
RESPOSTA

ARCHER
(artcher)
ARQUEIRO

ARCHITECT
(arkitékt)
ARQUITETO(A)

ARM
(arm)
BRAÇO

ARMCHAIR
(armtchér)
POLTRONA

ARROW
(érou)
FLECHA

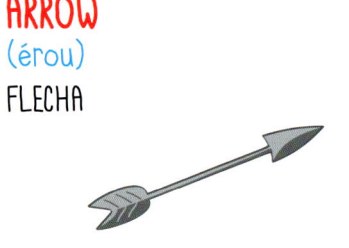

ARTIST
(artist)
ARTISTA

(TO) ASK
(tu ésk)
PERGUNTAR

ASLEEP
(aslip)
ADORMECIDO

ASTRONAUT
(astronaut)
ASTRONAUTA

AT
(ét)
NO(S) / NA(S) / EM

ATHLETE
(atlit)
ATLETA

AWAKE
(aueik)
ACORDADO

AWNING
(ónin)
TOLDO

AWARD
(auórd)
PRÊMIO / RECOMPENSA

B
(bí)
B

BABY
(beibi)
BEBÊ

BAD
(béd)
MAU

BAG
(bég)
BOLSA /
SACOLA /
SACO

BAKER
(beikâr)
PADEIRO

BALL
(ból)
BOLA

BALANCE
(bélunz)
EQUILÍBRIO

BALOON
(balun)
BALÃO

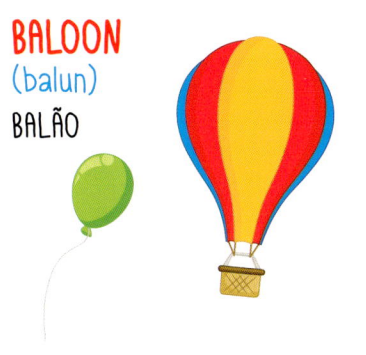

BANK
(bénk)
BANCO

BANK

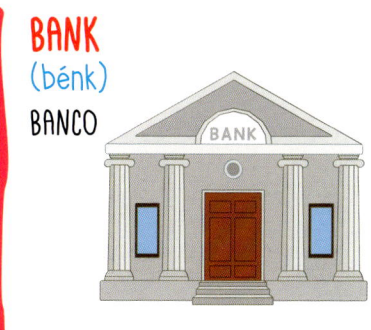

BARN
(barn)
CELEIRO

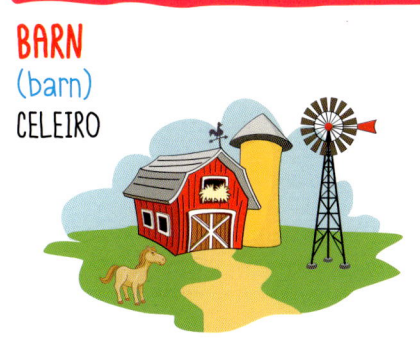

BASKET
(baskét)
CESTO

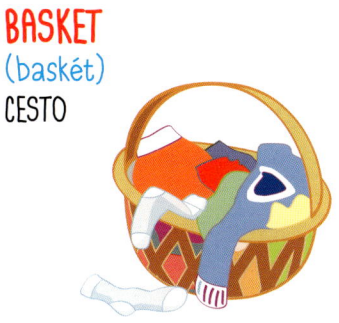

BATHROOM
(béfrum)
BANHEIRO

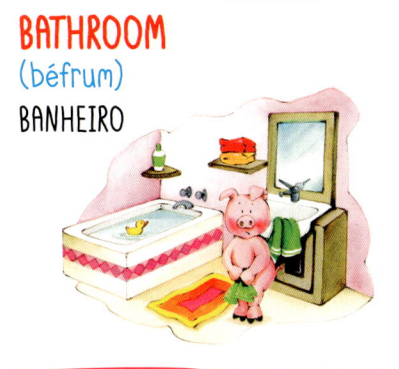

(TO) BE
(tu bí)
SER / ESTAR

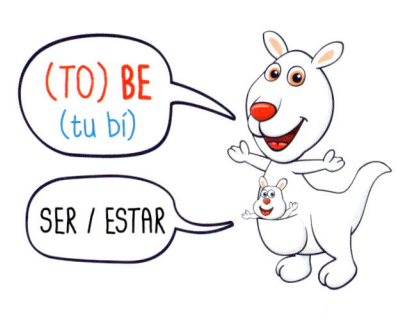

BEARD
(bird)
BARBA

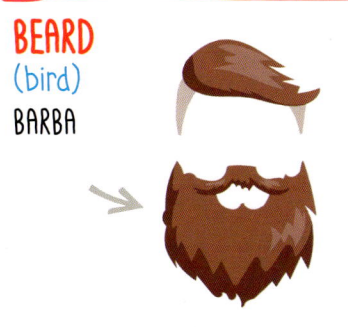

BEACH
(bitch)
PRAIA

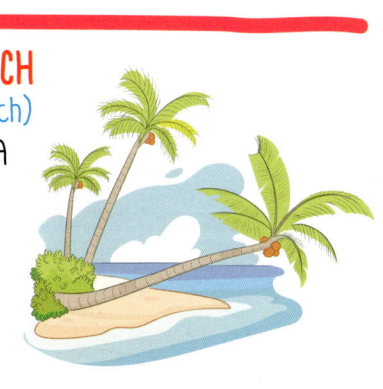

BEAUTIFUL
(biutiful)
BONITA

BED
(béd)
CAMA

BEDROOM
(bédrum)
QUARTO / DORMITÓRIO

BEFORE
(bifór)
ANTES

BEHIND
(biháind)
ATRÁS

BELT
(bélt)
CINTO

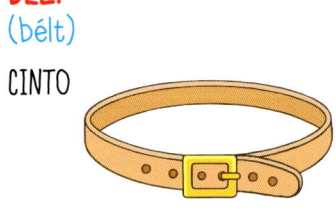

BELL
(bél)
SINO

BELOW
(bilou)
ABAIXO / EMBAIXO / POR BAIXO

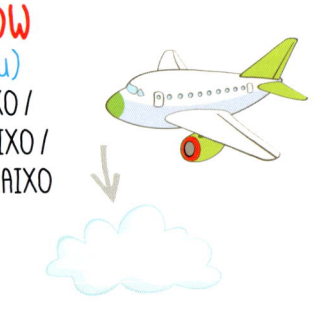

BESIDE
(bisaid)
AO LADO DE / PERTO DE

BETWEEN
(bituin)
ENTRE / NO MEIO DE

BICYCLE / BIKE
(baisikêl / baik)
BICICLETA

HANDLEBAR (héndâlbar) GUIDÃO

HORN (hórn) BUZINA

SEAT (sit) ASSENTO

CARRIER (kérier) BAGAGEIRO

BRAKE (breik) FREIO

LIGHT (lait) LUZ, FAROL

REFLECTOR (riflékter) REFLETOR

FENDER (fénder) PARA-LAMA

TIRE (taier) PNEU

GEARSHIFT (guiârshift) CÂMBIO

SPOKE (spouk) RAIO

CHAIN (tchein) CORRENTE

PEDAL (pedl) PEDAL

FRAME (freim) QUADRO

WHEEL (uíl) RODA

BIG
(big)
GRANDE

BILL
(bil)
CONTA / FATURA / BOLETO

BIRDS
(bârds)
AVES

BIRD
(bârd)
PÁSSARO / AVE

ALBATROSS
(albatróz)
ALBATROZ

CANARY
(kenéri)
CANÁRIO

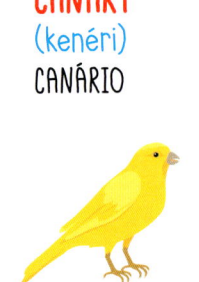

CHICKEN
(tchiken)
FRANGO / GALINHA

CROW
(krou)
CORVO / GRALHA

DUCK
(dâk)
PATO

EAGLE
(ígol)
ÁGUIA

FLAMINGO
(flamingou)
FLAMINGO

HAWK
(hók)
FALCÃO

HERON
(héron)
GARÇA

HUMMINGBIRD
(hâminbârd)
BEIJA-FLOR

MACAW
(maká)
ARARA

NIGHTINGALE
(naitingueil)
ROUXINOL

OSTRICH
(óstritch)
AVESTRUZ

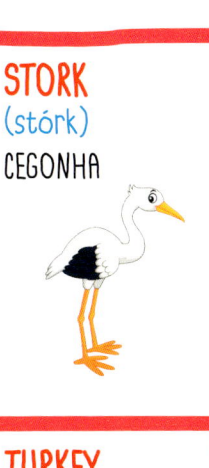

OWL (aul) CORUJA	**PARAKEET** (pérékit) PERIQUITO	**PARROT** (perrót) PAPAGAIO	**PEACOCK** (pikók) PAVÃO
PENGUIN (penguin) PINGUIM	**PIGEON** (pígin) POMBO	**ROOSTER / COCK** (ruster / kók) GALO	**SEAGULL** (sigâl) GAIVOTA
SPARROW (spérou) PARDAL	**STORK** (stórk) CEGONHA	**SWALLOW** (sualou) ANDORINHA	**SWAN** (suan) CISNE
TOUCAN (tukén) TUCANO	**TURKEY** (târki) PERU	**VULTURE** (valtchur) ABUTRE	**WOODPECKER** (uodpéker) PICA-PAU

BIRTHDAY
(bârfdei)

DATA DE NASCIMENTO / ANIVERSÁRIO

BLACKBOARD
(blékbórd)

QUADRO-NEGRO

BLACK HOLE
(blék houl)

BURACO NEGRO

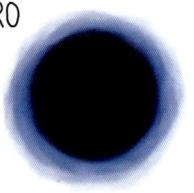

BLOCK
(blók)

QUARTEIRÃO / QUADRA / BLOCO

BLOND / BLONDE
(blónd)

LOIRA / LOIRO

BLOOD
(blâd)

SANGUE

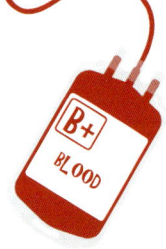

(TO) BLUSH
(tu blâsh)

CORAR / ENVERGONHAR-SE

BOAT
(bout)

BARCO

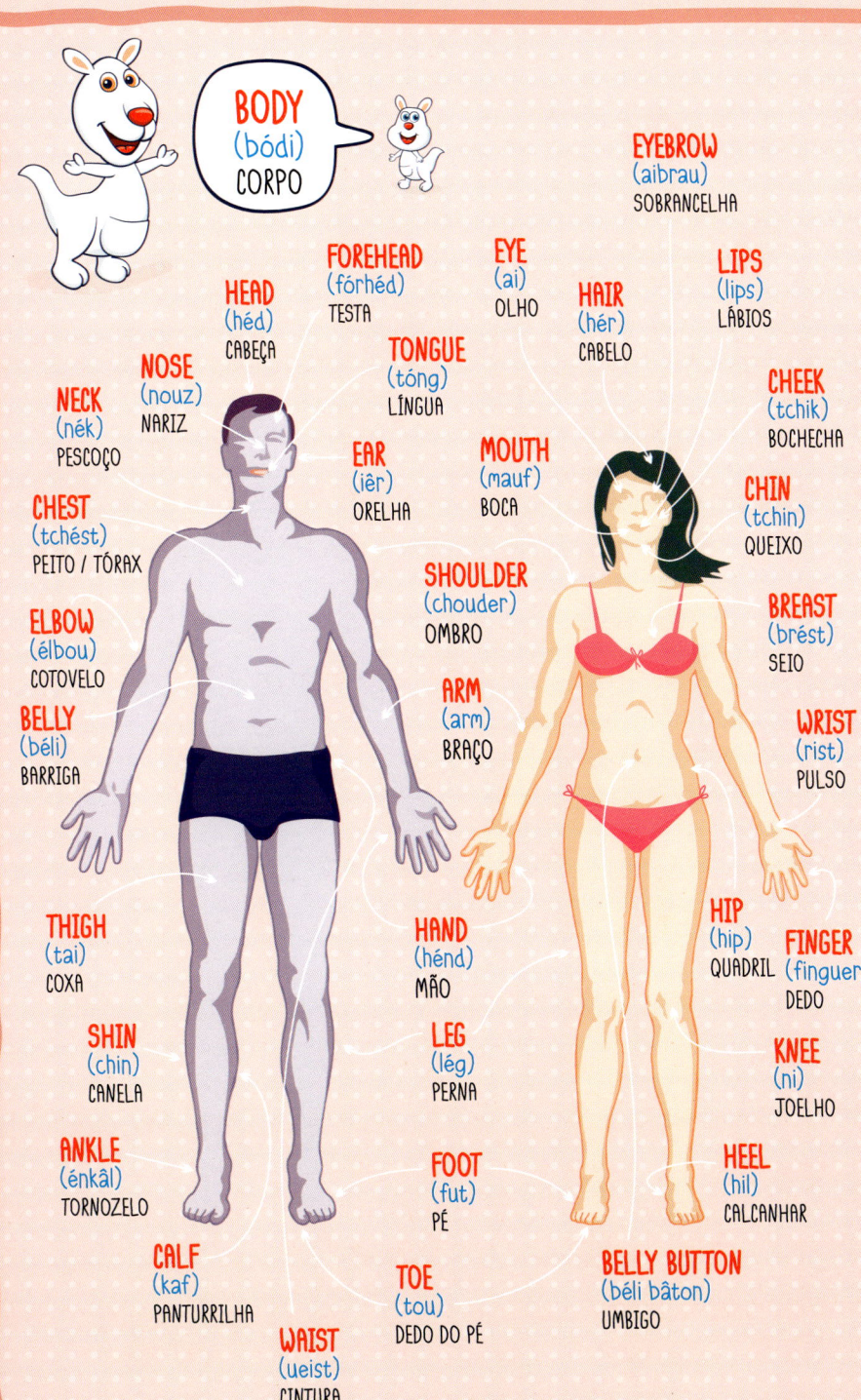

BONE
(bon)

OSSO

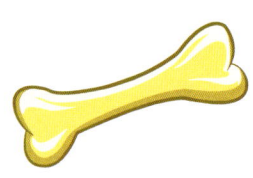

BOOK
(buk)

LIVRO

BOSS
(bós)

PATRÃO / CHEFE

BOTTLE
(bótêl)

GARRAFA

BOTTOM
(bótom)

EMBAIXO / NO FUNDO / NA PARTE INFERIOR

BOX
(bóks)

CAIXA

BOY
(bói)

MENINO / RAPAZ

BRAIN
(brein)

CÉREBRO

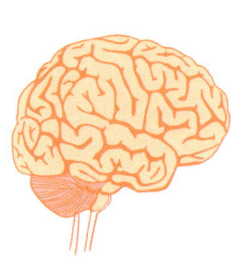

BREAD
(bréd)
PÃO

BREAK
(breik)
INTERVALO / RECREIO

BREAKFAST
(brékfést)
CAFÉ DA MANHÃ

JUICE (djus) SUCO

COFFEE (kófi) CAFÉ

MILK (milk) LEITE

CEREAL (síriâl) CEREAL

JAM (djém) GELEIA

YOGURT / YOGHURT (iógurt) IOGURTE

PANCAKE (pénkeik) PANQUECA

BUTTER (bâter) MANTEIGA

HONEY (hânei) MEL

CAKE (keik) BOLO

TEA (ti) CHÁ

CHEESE (tchis) QUEIJO

TOAST (toust) TORRADA

SAUSAGE (sósedj) SALSICHA

BISCUIT (biskit) BISCOITO

SALAMI (sálámi) SALAME

HOT CHOCOLATE (hót tchókolat) CHOCOLATE QUENTE

SANDWICH (sénduich) SANDUÍCHE

EGG (ég) OVO

COOKIE (kuki) BOLACHA

BACON (beikân) TOUCINHO

SUGAR (chugâr) AÇÚCAR

BRIDE
(braid)
NOIVA

BRIDGE
(bridj)
PONTE

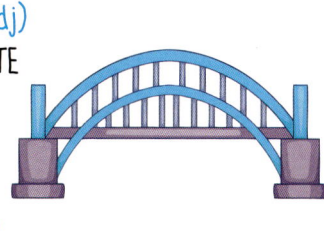

BROOM
(brum)
VASSOURA

BRUSH
(brâsh)
ESCOVA

(TO) BUILD
(tu bild)
CONSTRUIR

(TO) BURN
(bârn)
QUEIMAR

BUS
(bâs)
ÔNIBUS

BUT
(bat)
MAS

BUTTON
(bâton)
BOTÃO

(TO) BUY
(tu bai)
COMPRAR / ADQUIRIR

C
(ci)
c

CABLE
(keibâl)
CABO

CALCULATION
(kalkuleichân)
CÁLCULO / CONTA

CALCULATOR
(kalkuleitor)
CALCULADORA

(TO) CALL
(tu kól)
CHAMAR / TELEFONAR

CALM
(kalm)
CALMA / SOSSEGO

CALENDAR
(kélendar)
CALENDÁRIO

CAMERA
(kémera)
CÂMERA / MÁQUINA FOTOGRÁFICA

CAMP
(kémp)
ACAMPAMENTO

CANDLE
(kéndel)
VELA

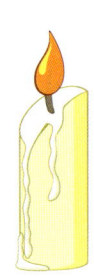

CANDY
(kéndi)
BALA / DOCE

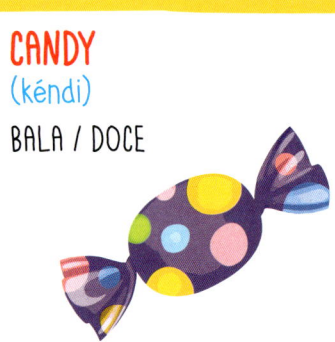

CAN
(kén)
PODER / SER CAPAZ DE

CANNON
(kénon)
CANHÃO

CANOE
(kanú)
CANOA

CAP
(kép)
BONÉ

CAR
(kar)
CARRO

STEERING WHEEL
(stiring uíl)
VOLANTE

CAR SEAT
(kar sit)
ASSENTO

CARGO CARRIER
(kargou kérier)
BAGAGEIRO

WINDSHIELD
(uindshild)
PARA-BRISA

ANTENNA
(antena)
ANTENA

HOOD
(hud)
CAPÔ

FUEL TANK
(fiuel ténk)
TANQUE DE COMBUSTÍVEL

WINDOW
(uindou)
JANELA

WIPER
(uaiper)
LIMPADOR

INDICATOR
(indikeiter)
INDICADOR

SPAREWHEEL
(spér uíl)
ESTEPE

HEAD LIGHT
(héd lait)
FAROL

TAIL LIGHT
(teil lait)
LUZ TRASEIRA

HUBCAP
(hâbkép)
CALOTA

HANDLE
(héndâl)
MAÇANETA

SIDE MIRROR
(said miror)
ESPELHO EXTERNO

DOOR
(dór)
PORTA

WHEEL
(uíl)
RODA

TIRE
(taier)
PNEU

BUMPER
(bâmper)
PARA-CHOQUE

CARD
(kard)
CARTÃO

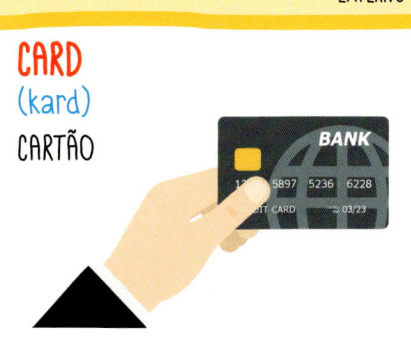

CAROUSEL
(karosél)
CARROSSEL

CARPET
(karpét)
TAPETE

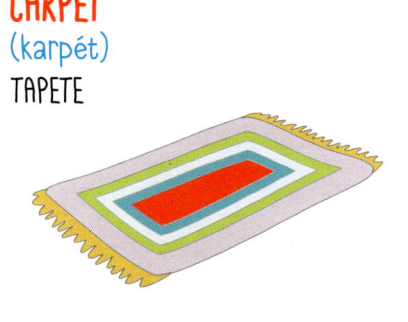

CARRIAGE
(kéridj)
CARRUAGEM

(TO) CARRY
(tu kéri)
CARREGAR

CARTOON
(kartun)
DESENHO ANIMADO

CASH
(késh)
DINHEIRO

CASTEL
(késsol)
CASTELO

CATERPILLAR
(kéterpilar)
LAGARTA

(TO) CELEBRATE
(tu célebrait)
CELEBRAR / COMEMORAR

CENTER / CENTRE
(séntâr)
CENTRO / NÚCLEO

CENTIMETER / CENTIMETRE
(séntimiter)
CENTÍMETRO

CERTAIN
(sértân)
CLARO / CERTO / EXATO

CHAIN
(tchein)
CORRENTE / ALGEMA

CHAIRMAN
(tchérmén)
PRESIDENTE
(de um grupo / de uma reunião)

CHALK
(tchók)
GIZ

CHAMPION
(tchémpion)
CAMPEÃO

CHANNEL
(tchénol)
CANAL

CHANGE
(tcheindj)
TROCO

(TO) CHANGE
(tu tcheindj)
MUDAR / TROCAR / ALTERAR

CHAT
(tchét)
BATE-PAPO

CHECK
(tchék)
VERIFICAR / CHECAR

CHESTNUT
(tchésnat)
CASTANHA

CHEMIST
(kémist)
QUÍMICO

CHILD / CHILDREN
(tchaild / tchildren)
CRIANÇA / CRIANÇAS

CHIPS
(tchips)
BATATAS FRITAS / SALGADINHOS

CHOICE
(tchóis)
ESCOLHA / OPÇÃO

CHOCOLATE
(tchókolat)
CHOCOLATE

CHURCH
(tchârtch)
IGREJA

CHRISTMAS / XMAS
(Kristmas)
NATAL

CINEMA
(cinema)
CINEMA

CIRCUS
(sêrkus)
CIRCO

CITY
(citi)
CIDADE

CLASSROOM
(klésrum)
SALA DE AULA

CLIP
(klip)
CLIPE / GRAMPO

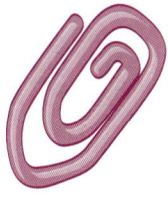

CLOCK
klók)
RELÓGIO
(não portátil ou de pulso)

CLOTHES
(klouz)
ROUPA / VESTUÁRIO

NECKTIE (néktai) — GRAVATA

BELT (bélt) — CINTO

SUIT (sut) — TERNO

VEST (vest) — COLETE

SCARF (scarf) — CACHECOL

T-SHIRT (ti-chêrt) — CAMISETA

JACKET (djéket) — JAQUETA / PALETÓ

COAT (kout) — CASACO / SOBRETUDO

TROUSERS / PANTS (trauzârs / pénts) — CALÇA COMPRIDA

SHIRT (chêrt) — CAMISA

SWEATHER (suéter) — SUÉTER

DRESS (drés) — VESTIDO

BLOUSE (blauz) — BLUSA

SKIRT (skârt) — SAIA

TRACKSUIT (tréksut) — AGASALHO DE TREINO

UNDERSHIRT (ândârchârt) — CAMISETA DE BAIXO

BRA (bró) — SUTIÃ

JEANS (djínz) — JEANS

SHORTS (chórts) — SHORT

PANTIES (péntis) — CALCINHAS

UNDERPANTS (ânderpénts) — CUECAS

OVERALLS (ouveróls) — MACACÃO

PYJAMAS / PAJAMAS (paidjámas) — PIJAMA

BATH ROBE (béfroub) — ROUPÃO DE BANHO

NIGHTDRESS / NIGHTGOWN (naitdrés / nait gaun) — CAMISOLA

RAINCOAT (reinkout) — CAPA DE CHUVA

CLOUD
(klaud)
NUVEM

CLOWN
(klaun)
PALHAÇO

COACH
(koutch)
TREINADOR

COCKROACH
(kókroutch)
BARATA

COCONUT
(koukonât)
COCO

COIN
(kóin)
MOEDA

COLD
(kold)
FRIO

COLLEGE
(kóledj)
FACULDADE /
UNIVERSIDADE

COLORS
(kólors)
CORES

GREEN (grin) VERDE
YELLOW (iélou) AMARELO
RED (réd) VERMELHO
PINK (pink) ROSA
BLACK (bléck) PRETO
WHITE (uáit) BRANCO
BROWN (braun) MARROM
GREY / GRAY (grei) CINZA
PURPLE (pârpol) ROXO / VIOLETA
BLUE (blu) AZUL
ORANGE (órendj) LARANJA / ALARANJADO

COMB
(komb)
PENTE

(TO) COME
(tu kam)
VIR

COMPETITION
(kómpetíshan)
COMPETIÇÃO / DISPUTA

COMPUTER
(kompiuter)
COMPUTADOR

CONCERT
(kônsert)
CONCERTO / SHOW

CONGRATULATION
(kângrétiuleichânz)
PARABÉNS / CONGRATULAÇÕES

CONVERSATION
(kónvârseichân)
CONVERSA

(TO) COOK
(tu kuk)
COZINHAR

(TO) COPY
(tu kópi)
COPIAR

COSTUME
(kóstum)
TRAJE / ROUPA DE FANTASIA

(TO) COUNT
(tu káunt)
CONTAR

COUNTRY
(kantri)
PAÍS

COUPLE
(kapoul)
CASAL /
DUPLA /
PAR

COWBOY
(kaubói)
VAQUEIRO

CRASH
(krésh)
COLISÃO / IMPACTO

CROSSING
(króssing)
CRUZAMENTO

(TO) CRY
(tu krai)
CHORAR

CUP
(kâp)
XÍCARA /
TAÇA

CUSHION
(kushiân)
ALMOFADA

(TO) CUT
(tu kât)
CORTAR

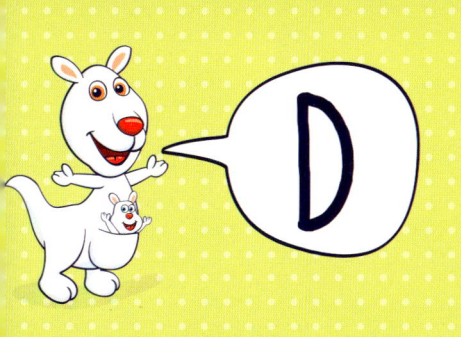

D
(di)
D

DAD
(déd)
PAPAI

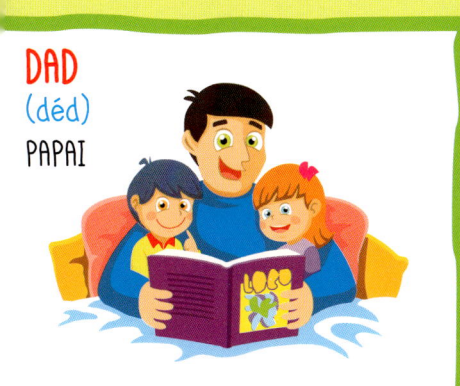

DAILY
(deili)
DIARIAMENTE / DIÁRIO / COTIDIANO

(TO) DANCE
(tu déns)
DANÇAR

DANGER
(deindjâr)
PERIGO

DARK
(dark)
ESCURO

DATE
(deit)
DATA

DAY
(dei)

DIA

PERIODS OF THE DAY
(piurids ov di dei)

PERÍODOS DO DIA

SUNRISE
(sanraiz)
NASCER DO SOL / AMANHECER

MORNING
(mórnin)
MANHÃ

NOON / MIDDAY
(nun / midei)
MEIO-DIA

AFTERNOON
(éfternun)
TARDE

SUNSET
(sansét)
PÔR DO SOL / ENTARDECER

EVENING
(ivinin)
ANOITECER / DE NOITINHA

NIGHT
(nait)
NOITE

MIDNIGHT
(midnait)
MEIA-NOITE

DEAR
(dir)

QUERIDO(A) /
CARO(A) /
PREZADO(A)

(TO) DECIDE
(tu disaid)

DECIDIR

DENTIST
(déntist)

DENTISTA

DESERT
(dézert)

DESERTO

DESK
(désk)

ESCRIVANINHA

DETECTIVE
(ditéktiv)

DETETIVE

DIARY
(daiari)

DIÁRIO /
AGENDA

DICTIONARY
(dikshonéri)

DICIONÁRIO

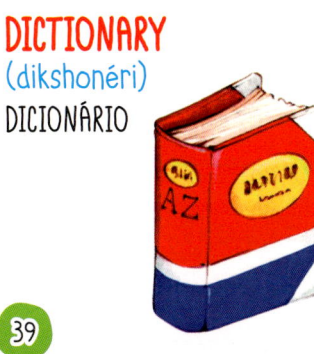

DINNER
(dinâr)

JANTAR

APERITIF
(apéritif)
APERITIVO
(bebidas)

APPETIZER
(apitaizer)
APERITIVO / ANTEPASTO

DESSERT
(dizért)
SOBREMESA

FISH
(fish)
PEIXE

LAMB
(lémb)
CORDEIRO

LASAGNA / LAZAGNE
(lazénha / lazénhe)
LASANHA

MEAT
(mit)
CARNE

OLIVE OIL
(oliv óiêl)
AZEITE DE OLIVA

HAM
(hém)
PRESUNTO

ROAST CHICKEN
(roust tchiken)
FRANGO ASSADO

ROAST BEEF
(roust bif)
CARNE ASSADA

STEAK
(steik)
BIFE / FILÉ

POULTRY
(póltri)
AVES

SALAD
(saled)
SALADA

SOUP
(sup)
SOPA

STEW
(stu)
ENSOPADO / GUISADO

STROGANOFF
(strógonóf)
ESTROGONOFE

NOODLES
(nudâls)
TALHARIM / MACARRÃO

SPAGHETTI
(spaguéti)
ESPAGUETE

WINE
(uáin)
VINHO

WATER
(uóter)
ÁGUA

DINOSAUR
(dainosór)
DINOSSAURO

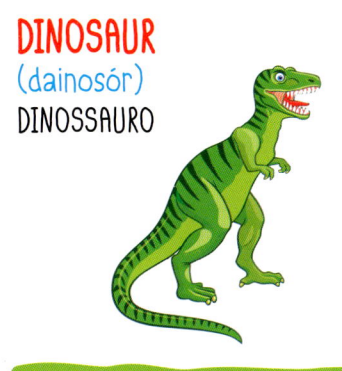

DIRECTOR
(dairektor)
DIRETOR

DIRTY
(dârti)
SUJO

DIP
(dip)
MERGULHO

(TO) DO
(tu du)

FAZER / REALIZAR / EXECUTAR

DOCTOR
(dóktor)
MÉDICO / DOUTOR

DOLL
(dól)
BONECA

DOLPHIN
(dôlfin)
GOLFINHO

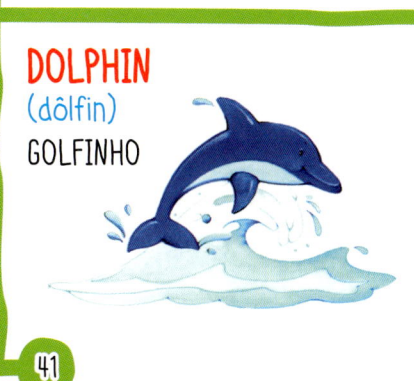

DOOR
(dór)
PORTA

DOWN
(daun)
ABAIXO / PARA BAIXO

DRAWING
(dróin)
DESENHO

DREAM
(drim)
SONHO

(TO) DRINK
(tu drink)
BEBER

(TO) DRIVE
(tu draiv)
DIRIGIR

DROP
(dróp)
GOTA / PINGO

DRY
(drai)
SECO

E
(i)
E

EACH
(itch)
CADA

EARLY
(êrli)
CEDO / ADIANTADO

EARRING
(iêrin)
BRINCO

EARTH
(ârth)
TERRA (Planeta)

EASY
(izi)
FÁCIL

(TO) EAT
(tu it)
COMER

EFFECT
(ifékt)
EFEITO

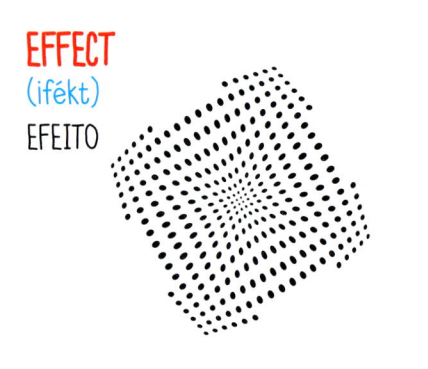

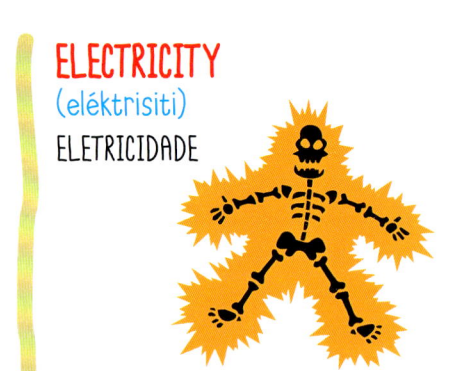

ELECTRICITY
(eléktrisiti)
ELETRICIDADE

ELECTRIC BULB
(eléktrik bâlb)
LÂMPADA

ELEGANT
(élegant)
ELEGANTE

EMPTY
(émpti)
VAZIO

END
(end)
FIM / FINAL

ENGINE
(endjin)
MOTOR

(TO) ENJOY
(tu indjói)
APRECIAR / CURTIR / DESFRUTAR / APROVEITAR

ENTRANCE
(éntrâns)
ENTRADA

EQUAL
(ikual)
IGUAL

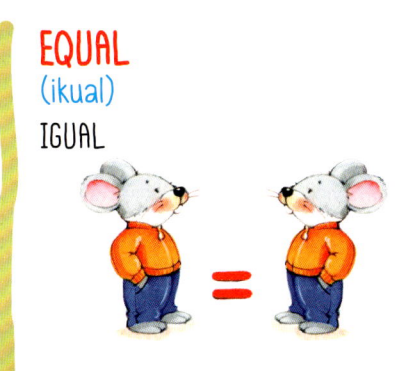

EXAM / EXAMINATION
(igzém / igzémineichân)
EXAME / PROVA

EXERCISE
(éksersaiz)
EXERCÍCIO

EXERCISE BOOK
(éksersaiz buk)
LIVRO DE EXERCÍCIOS

EXIT
(ékzit)
SAÍDA

EXPENSIVE
(ikspénsiv)
CARO / DISPENDIOSO

EXPLORER
(eksplórer)
EXPLORADOR

F
(éf)
F

FABLE
(feibol)
FÁBULA

FACE
(feis)
FACE / ROSTO

FACTORY
(féktori)
FÁBRICA

FAN
(fén)
VENTILADOR

FAIRY
(féri)
FADA

(TO) FALL
(tu fól)
CAIR

FAMILY
(fémili)
FAMÍLIA

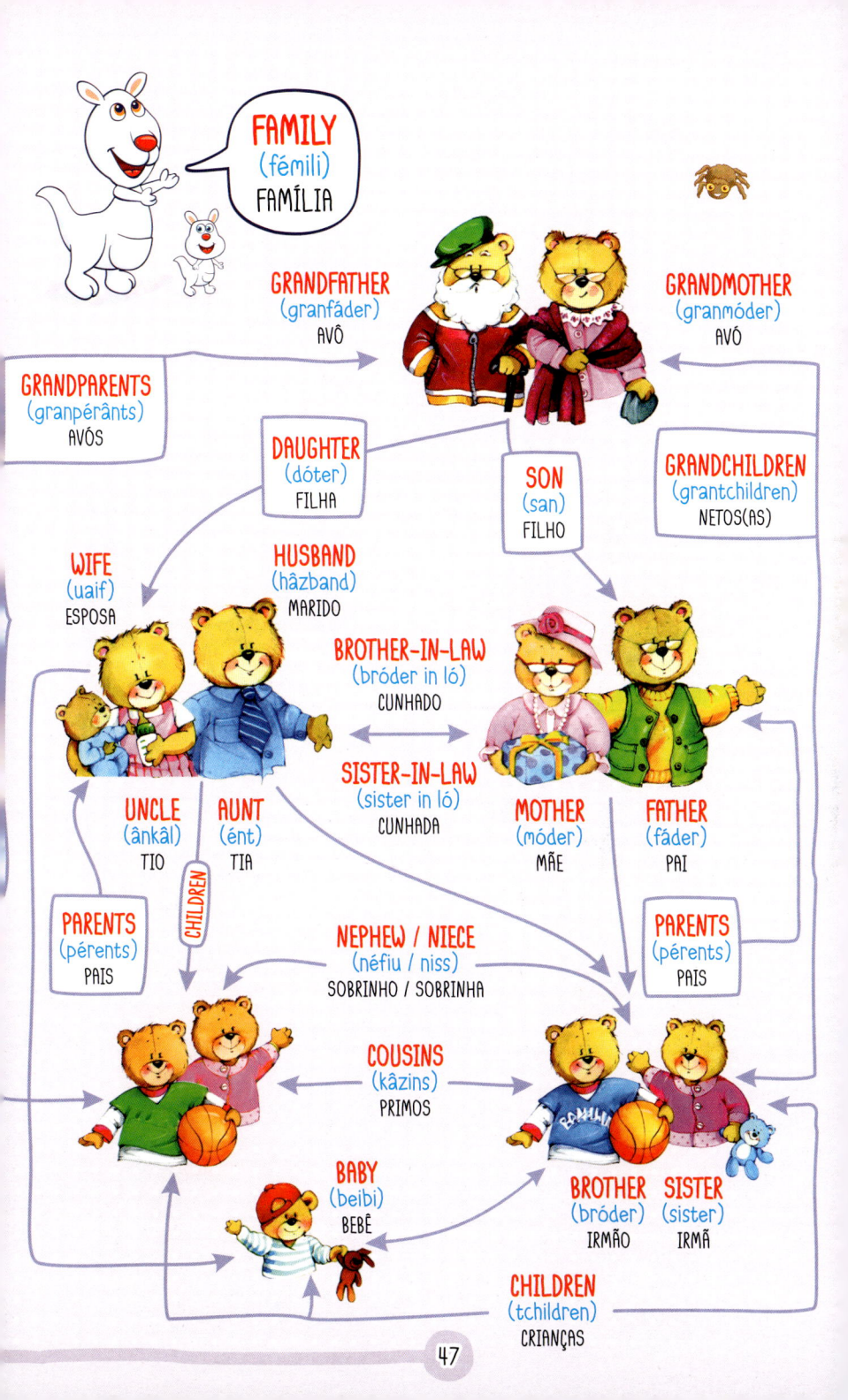

GRANDFATHER (granfáder) AVÔ

GRANDMOTHER (granmóder) AVÓ

GRANDPARENTS (granpérânts) AVÓS

DAUGHTER (dóter) FILHA

SON (san) FILHO

GRANDCHILDREN (grantchildren) NETOS(AS)

WIFE (uaif) ESPOSA

HUSBAND (hâzband) MARIDO

BROTHER-IN-LAW (bróder in ló) CUNHADO

SISTER-IN-LAW (sister in ló) CUNHADA

MOTHER (móder) MÃE

FATHER (fâder) PAI

UNCLE (ânkâl) TIO

AUNT (ént) TIA

CHILDREN

PARENTS (pérents) PAIS

NEPHEW / NIECE (néfiu / niss) SOBRINHO / SOBRINHA

PARENTS (pérents) PAIS

COUSINS (kâzins) PRIMOS

BABY (beibi) BEBÊ

BROTHER (bróder) IRMÃO

SISTER (sister) IRMÃ

CHILDREN (tchildren) CRIANÇAS

FAMOUS
(feimous)
FAMOSO

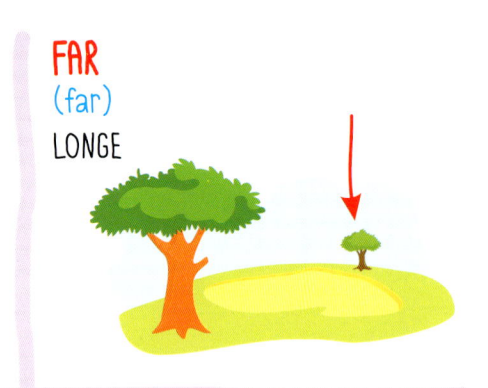

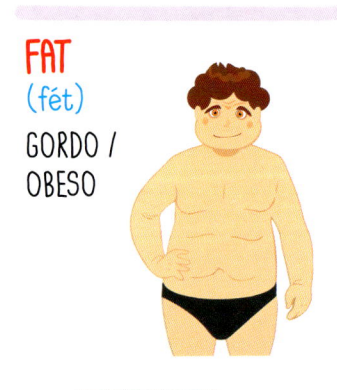

FAR
(far)
LONGE

FARM
(farm)
FAZENDA

FAST
(fést)
RÁPIDO

FAT
(fét)
GORDO / OBESO

FATHER CHRISTMAS / SANTA CLAUS
(fâder kristmas / sénta klóz)
PAPAI NOEL

FAVORITE / FAVOURITE
(feivorit)
FAVORITO

FEAR
(fíar)
MEDO

(TO) FEEL
(tu fil)
SENTIR

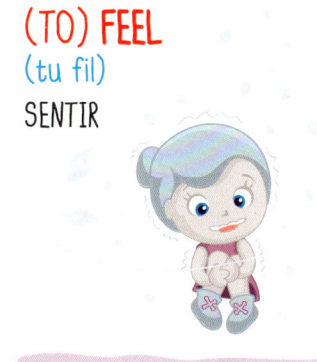

FIELD
(fild)
CAMPO

FILM
(film)
FILME

FINISH
(finish)
FIM

FIRE
(faiêr)
FOGO / INCÊNDIO

FITNESS
(fitnes)
PREPARO FÍSICO / APTIDÃO

FLAG
(flég)
BANDEIRA

FLOOR
(flór)
CHÃO

FLOWERS
(flauêrs)
FLORES

CARNATION
(karneichân)
CRAVO

DAISY
(deizi)
MARGARIDA

HIBISCUS
(hibiscus)
HIBISCO

LILY
(líli)
LÍRIO

GARDENIA
(gardínia)
GARDÊNIA

GERANIUM
(dgerénium)
GERÂNIO

NARCISSUS
(narcissus)
NARCISO

ORCHID
(órkid)
ORQUÍDEA

POPPY
(pópi)
PAPOULA

ROSE
(rouz)
ROSA

SUNFLOWER
(sânflauêr)
GIRASSOL

TULIP
(tiúlip)
TULIPA

VIOLET
(vaiolét)
VIOLETA

FLU
(flu)
GRIPE

(TO) FLY
(tu flai)
VOAR

FORCE
(fórz)
FORÇA

FOG
(fóg)
NEBLINA

(TO) FOLLOW
(tu fólou)
SEGUIR

FOOD
(fud)
COMIDA / ALIMENTO

FOREST
(fórest)
FLORESTA

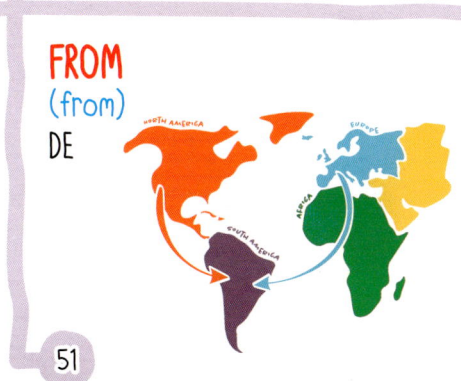

(TO) FORGET
(tu forguét)
ESQUECER

FORK
(fórk)
GARFO

FOX
(fóx)
RAPOSA

FRIEND
(frend)
AMIGO(A)

FROM
(from)
DE

FRUITS
(fruts)

FRUTAS

| 1 **APPLE** (épâl) MAÇÃ | 2 **APRICOT** (eprikót) DAMASCO | 3 **AVOCADO** (avokadou) ABACATE | 4 **BLACKBERRY** (blékbéri) AMORA |

| 5 **GRAPE** (greip) UVA | 6 **GUAVA** (guava) GOIABA | 7 **KIWI FRUIT** (kiuí frut) KIWI | 8 **PLUM** (plâm) AMEIXA | 9 **BANANA** (banéna) BANANA | 10 **CHERRY** (tchéri) CEREJA | 11 **COCONUT** (koukonât) COCO |

| 12 **PASSION FRUIT** (péshân frut) MARACUJÁ | 13 **LEMON** (lémân) LIMÃO | 14 **MANGO** (mango) MANGA | 15 **MELON** (mélân) MELÃO | 16 **ORANGE** (órendj) LARANJA | 17 **PAPAYA** (papaia) MAMÃO | 18 **PEACH** (pítch) PÊSSEGO |

| 19 **PEAR** (pér) PERA | 20 **PINEAPPLE** (painépâl) ABACAXI | 21 **TANGERINE** (téndgerin) TANGERINA | 22 **STAR FRUIT** (star frut) CARAMBOLA | 23 **STRAWBERRY** (stróbéri) MORANGO | 24 **WATERMELON** (uótermélân) MELANCIA |

G
(dji)
G

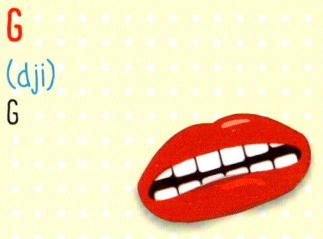

GAME
(gueim)
JOGO

GARBAGE
(garbedj)
LIXO

GARDEN
(garden)
JARDIM

GARAGE
(garadj)
GARAGEM

GATE
(gueit)
PORTÃO

GHOST
(goust)
FANTASMA

(TO) GET
(tu gét)
OBTER / RECEBER / GANHAR

(TO) GET IN
(tu gét in)
ENTRAR

(TO) GET OFF
(tu gét óf)
DESCER / DESEMBARCAR

(TO) GET DOWN
(tu gét daun)
DESCER

(TO) GET ON
(tu gét on)
SUBIR / EMBARCAR

(TO) GET OUT
(tu gét aut)
SAIR / IR EMBORA

(TO) GET UP
(tu gét ap)
LEVANTAR-SE

GIANT
(djaiânt)
GIGANTE

GIFT
(guift)
PRESENTE

GIRL
(gârl)
MENINA

(TO) GIVE
(tu guiv)
DAR

GLAD
(gléd)
CONTENTE

GLASS
(glés)
VIDRO / COPO

GLASSES
(gléces)
ÓCULOS

GLOBE
(gloub)
GLOBO

(TO) GO
(tu gou)
IR

(TO) GO IN
(tu gou in)
ENTRAR

(TO) GO UP
(tu gou ap)
SUBIR

(TO) GO DOWN
(tu gou daun)
DESCER

(TO) GO OUT
(tu gou aut)
SAIR

GOAL
(goul)

GOL / ALVO / OBJETIVO

GOLD
(gould)

OURO

GOD
(gód)

DEUS

GOODBYE
(gudbai)

ADEUS / TCHAU

GRAINS
(greinz)

GRÃOS

GRASS
(grás)

GRAMA / CAPIM

GRAVITY
(gréviti)

GRAVIDADE

GREAT
(greit)

ÓTIMO / NOTÁVEL / INCRÍVEL / EXCELENTE / GRANDE

GROUND
(graund)
CHÃO

GROUP
(grup)
GRUPO

GUARD
(gard)
GUARDA

GUEST
(guést)
HÓSPEDE

GULL / SEAGULL
(gâl / sigâl)
GAIVOTA

GUM
(gam)
CHICLETE / GENGIVA

GYM
(djim)
ACADEMIA

GYPSY
(djipsi)
CIGANO(A)

57

H
(eitch)
H

HAIRBRUSH
(hérbrâsh)
ESCOVA DE CABELO

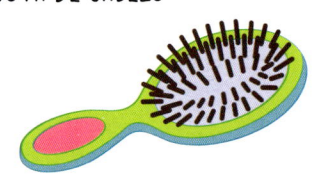

HAIRDRESSER
(hérdréser)
CABELEIREIRO

HALF
(háf)
METADE

HAMMER
(hémer)
MARTELO

HAPPY
(hépi)
FELIZ

HARD
(hard)
DURO

(TO) HAVE
(tu hév)
TER

HEADACHE
(hédeik)
DOR DE CABEÇA

HEALTH
(hélth)
SAÚDE

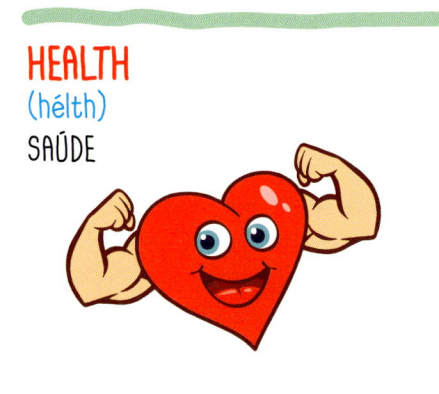

(TO) HEAR
(tu hiâr)
OUVIR

HEART
(hart)
CORAÇÃO

HEAT
(hit)
CALOR

HEAVEN
(hévén)
CÉU / PARAÍSO

HEAVY
(hévi)
PESADO

HELICOPTER
(hélikóptâr)
HELICÓPTERO

HELLO
(hélou)
OLÁ

HELMET
(hélmét)
CAPACETE

HELP
(hélp)
AJUDA / SOCORRO

HERE
(hiâr)
AQUI

(TO) HIDE
(tu haid)
OCULTAR / ESCONDER

HERO
(hirou)
HERÓI

HEY
(hei)
EI

60

HIGH
(hái)
ALTO(A) / ELEVADO(A)

HIGHWAY
(háiuei)
RODOVIA

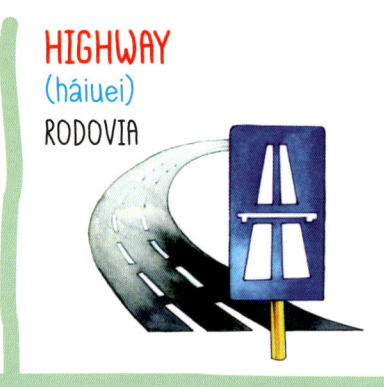

HILL
(hil)
COLINA

HISTORY
(hístori)
HISTÓRIA

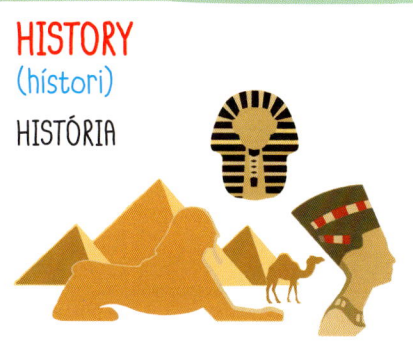

HIT
(hit)
ACERTAR / ATINGIR

HITCHHIKER
(hitchháiker)
CARONEIRO

(TO) HOLD
(tu hold)
SEGURAR / RETER / PRENDER / AGARRAR

HOLE
(houl)
BURACO

HOLIDAY
(hólidei)
FERIADO / FÉRIAS

HOLY
(houli)
SANTO / SAGRADO

HOME
(houm)
LAR (CASA)

HOMEWORK
(houm-uork)
LIÇÃO DE CASA

HOOD
(hud)
CAPUZ

HOOK
(huk)
GANCHO

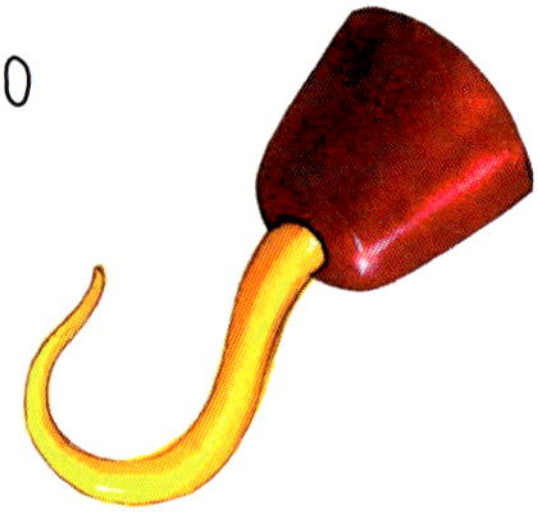

HOT
(hót)
QUENTE

HOUR
(auêr)
HORA

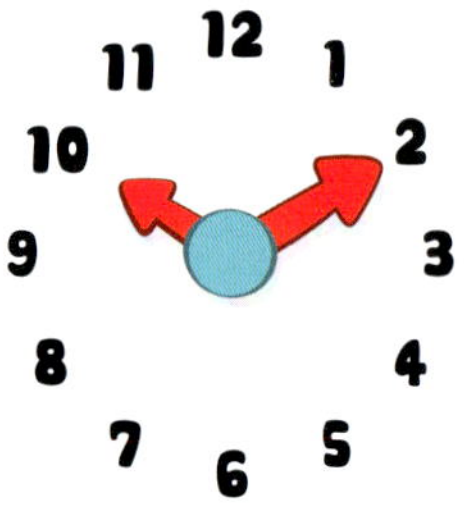

HOUSE
(háus)

CASA

1. **ART STUDIO** (art stúdiou) — ESTÚDIO DE ARTE
2. **STAIRCASE / STAIRWAY** (stérkeis / stéruei) — ESCADARIA
3. **LAUNDRY ROOM** (lóndri rum) — LAVANDERIA
4. **GARAGE** (garadj) — GARAGEM
5. **ENTRANCE HALL** (éntrâns hal) — SAGUÃO DE ENTRADA
6. **KITCHEN** (kitchen) — COZINHA
7. **LIVING ROOM** (livin rum) — SALA DE ESTAR
8. **BATHROOM** (béfrum) — BANHEIRO
9. **SPIRAL STAIRCASE** (spairol stérkeis) — ESCADA CARACOL
10. **BEDROOM** (bédrum) — QUARTO / DORMITÓRIO
11. **ATTIC** (étik) — SÓTÃO

- **A. ROOF** (ruf) — TELHADO
- **B. CHIMNEY** (tchimni) — CHAMINÉ
- **C. DINING ROOM** (dainin rum) — SALA DE JANTAR
- **D. FIREPLACE** (fâierpleis) — LAREIRA
- **E. CLOSET** (klózet) — GUARDA-ROUPA
- **F. RAIN GUTTERS** (rein gâters) — CALHA
- **G. CHAIR** (tchér) — CADEIRA
- **H. RACK** (rak) — ESTANTE
- **I. WASHING MACHINE** (uóshin mashin) — LAVADORA DE ROUPAS
- **BASEMENT** (beizmént) — PORÃO
- **J. SOFA** (soufa) — SOFÁ
- **K. FRONT DOOR** (front dór) — PORTA PRINCIPAL / PORTA DA FRENTE
- **L. WINDOW** (uindou) — JANELA

HOW
(hau)
COMO

HOW ARE YOU?
(hau ar iú)
COMO VOCÊ ESTÁ?

HOW DO YOU DO?
(hau du iú du)
COMO VAI?

HOW MANY?
(hau méni)
QUANTOS? / QUANTAS?
(contáveis)

HOW MUCH?
(hau mâtch)
QUANTO? / QUANTA?
(incontáveis)

HOWEVER
(hauéver)
CONTUDO /
PORÉM /
TODAVIA /
ENTRETANTO

HUNGRY
(hângri)
FAMINTO

HURRICANE
(hârikein)
FURACÃO

HURT
(hârt)
MACHUCADO

I
(ai)
I

ICE
(ais)
GELO

ICEBERG
(aisbérg)
ICEBERG

ICE CREAM
(ais krim)
SORVETE

IDEA
(aidia)
IDEIA

IF
(if)
SE

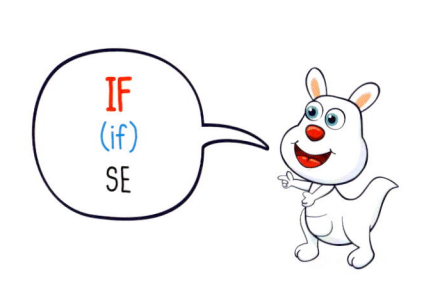

IGLOO
(iglu)
IGLU

ILL
(il)
DOENTE

IMAGE
(ímidg)
IMAGEM

IMPACT
(ímpakt)
IMPACTO

IMPORTANT
(impórtant)
IMPORTANTE

IN
(in)
EM / DENTRO

IN FRONT OF
(in front óv)
EM FRENTE DE

INCH
(intch)
POLEGADA

INDIAN
(índian)
ÍNDIO

INDUSTRY
(índâstri)
INDÚSTRIA

INFORMATION
(informeishân)
INFORMAÇÃO

INGOT
(íngót)
LINGOTE /
BARRA /
BLOCO

INK
(ink)
TINTA

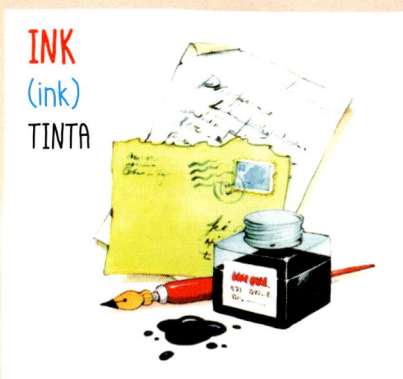

INSECT
(ínsekt)
INSETO

INSIDE
(insaid)
DENTRO

INVENTOR
(invéntor)
INVENTOR

INTELLIGENT
(intéligent)
INTELIGENTE

INTERVIEW
(interviu)
ENTREVISTA

(TO) INTRODUCE
(tu introdus)
APRESENTAR

INVISIBLE
(invísebol)
INVISÍVEL

INVITE
(inváit)
CONVITE

ISLAND
(ailénd)
ILHA

ITALY
(ítali)
ITÁLIA

IVORY
(áivori)
MARFIM

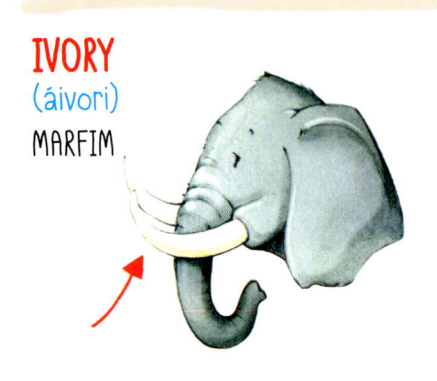

IVY
(áivi)
HERA

J
(djei)
J

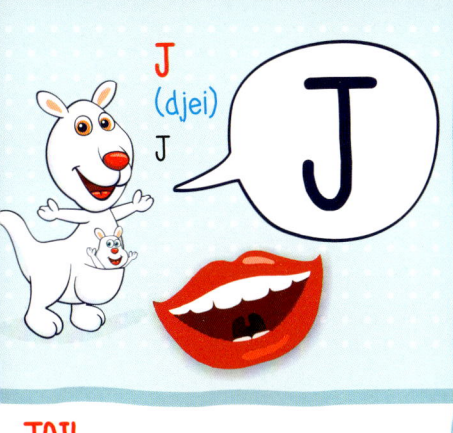

JAR
(djar)
POTE

JAIL
(djeiêl)
CADEIA

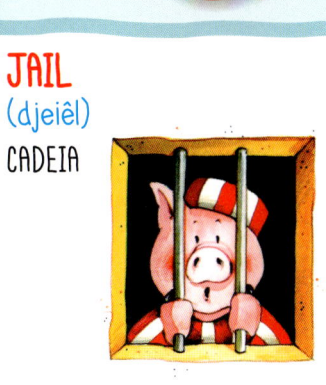

JELLY
(djéli)
GELATINA

JET
(jét)
JATO

JEWEL
(djuêl)
JOIA

JOB
(djób)
TRABALHO / EMPREGO

JOCKEY
(djóki)
JÓQUEI

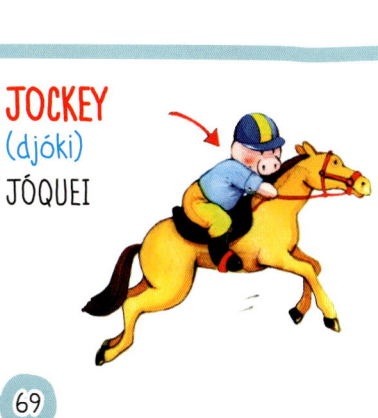

JOGGING
(djóguin)
CORRIDA

(TO) JOIN
(tu djóin)
UNIR / LIGAR

JOURNALIST
(djornalist)
JORNALISTA

JOURNEY
(djârni)
JORNADA / VIAGEM

JOY
(djói)
ALEGRIA

JOYSTICK
(djóistik)
CONTROLE DE VIDEOGAME

JUMP
(djamp)
SALTO

JUNGLE
(djângou)
SELVA

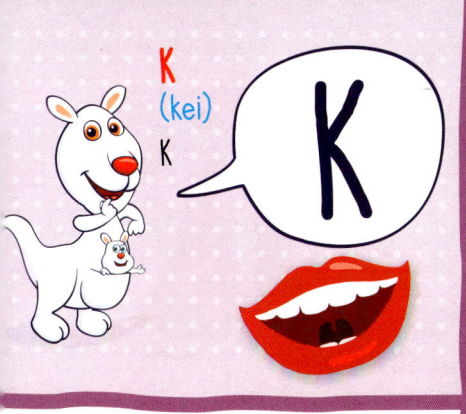

K
(kei)
K

KARATE
(karadi)
CARATÊ

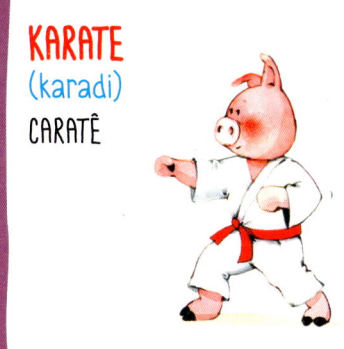

(TO) KEEP
(tu kip)
GUARDAR / TOMAR CONTA / PROTEGER

KENNEL
(kénl)
CANIL

KETTLE
(kétel)
CHALEIRA

KEY
(ki)
CHAVE

KEYBOARD
(kibórd)
TECLADO

KICK
(kik)
CHUTE

KID
(kid)
CRIANÇA

KING
(king)
REI

KISS
(kis)
BEIJO

KITE
(káit)
PIPA

KLAXON
(klákson)
BUZINA

KNIFE
(naif)
FACA

(TO) KNOCK
(tu nók)
BATER / FAZER RUÍDO

(TO) KNOW
(tu nou)
SABER / CONHECER / ENTENDER

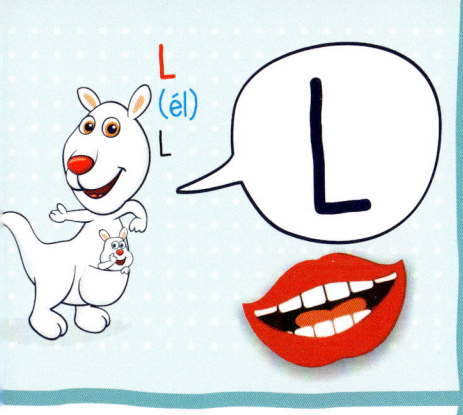

L
(él)
L

LABORATORY
(labóratri)
LABORATÓRIO

LABYRINTH
(lábirint)
LABIRINTO

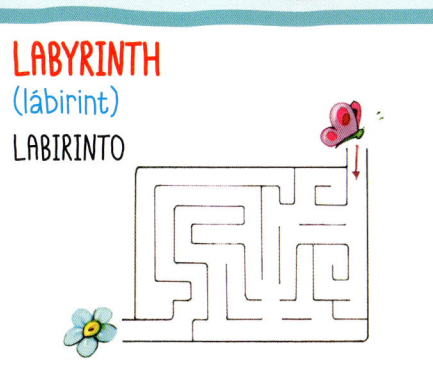

LADDER
(lader)
ESCADA DE MÃO

LADY
(leidi)
SENHORA / DAMA

LADYBUG / LADYBIRD
(leidibâg / leidibârd)
JOANINHA

LAKE
(leik)
LAGO

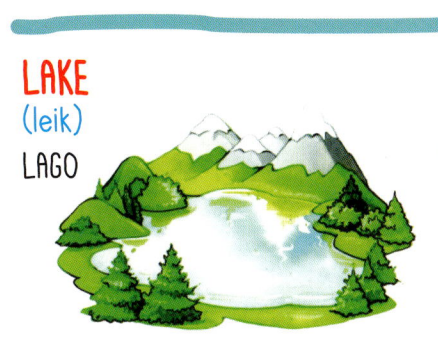

LAMP
(lémp)
ABAJUR / LUMINÁRIA / LÂMPADA

(TO) LAND
(tu lénd)
POUSAR / ATERRISSAR

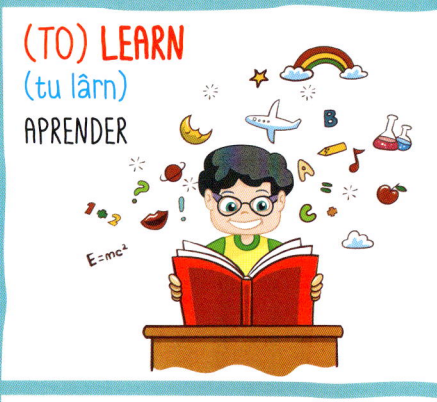

LANDSCAPE
(léndskeip)
PAISAGEM

LAUGH
(léf)
RISADA

LANTERN
(lantérn)
LAMPARINA / LAMPIÃO

LEAF
(lif)
FOLHA

(TO) LEARN
(tu lârn)
APRENDER

LEFT
(léft)
ESQUERDA

LESSON
(léssân)
LIÇÃO

LETTER
(léter)
CARTA

LIBRARY
(laibréri)
BIBLIOTECA

LIFE
(láif)
VIDA

LIFEGUARD
(láifguard)
SALVA-VIDAS

LIFEBUOY
(láifbói)
BOIA SALVA-VIDAS

LIFT / ELEVATOR
(lift / eleveitor)
ELEVADOR

LIGHT
(lait)
LUZ / LEVE

LIGHTHOUSE
(lait háus)
FAROL

(TO) LIKE
(tu laik)
GOSTAR

LIPS
(lips)
LÁBIOS

(TO) LISTEN
(tu listen)
ESCUTAR / PRESTAR ATENÇÃO

LITTLE
(litâl)
PEQUENO(A) / POUCO(A)

(TO) LIVE
(tu liv)
VIVER

LOLLIPOP
(lólipap)
PIRULITO

LONG
(lóng)
LONGO

(TO) LOOK
(tu luk)
OLHAR / OBSERVAR

LOST
(lóst)
PERDIDO

LOVE
(lâv)
AMOR

LOW
(lou)
BAIXO / ESCASSO / ACABANDO

LUCKY
(lâki)
SORTUDO

LUGGAGE
(lâguedj)
BAGAGEM

LUNCH
(lantch)

ALMOÇO

HAMBURGER
(hémbârgâr)
HAMBÚRGUER

SAUSAGE
(sósedj)
SALSICHA

PASTA
(pasta)
MACARRONADA / PRATO DE MASSAS

SALAD
(saled)
SALADA

SODA
(sóda)
REFRIGERANTE

SANDWICH
(sénduich)
SANDUÍCHE

PIZZA
(pitzá)
PIZZA

FRENCH FRIES
(fréntch fraiz)
BATATA FRITA

RICE
(rais)
ARROZ

HOT DOG
(hót dóg)
CACHORRO-QUENTE

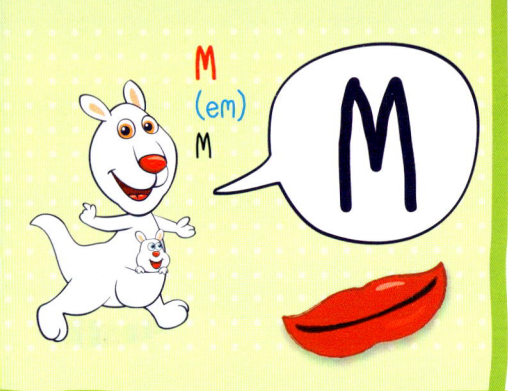

M
(em)
M

MAD
(méd)
LOUCO /
MALUCO

MAGAZINE
(mégazin)
REVISTA

MAGICIAN
(madjichân)
MÁGICO

MAGNET
(mágnet)
ÍMÃ

MAGNETIC COMPASS
(magnétik kâmpas)
BÚSSOLA

MAGNIFIER
(mégnifáiar)
LUPA /
LENTE DE
AUMENTO

MAIL
(meiêl)
CORRESPONDÊNCIA /
CORREIO

(TO) MAKE
(tu meik)
FAZER / CRIAR / CONSTRUIR / FABRICAR

MAN
(mén)
HOMEM

MANY
(méni)
MUITOS / MUITAS

MAP
(mép)
MAPA

MARKET
(market)
MERCADO / FEIRA (de produtos)

MASK
(mésk)
MÁSCARA

MATCH
(métch)
PARTIDA / COMPETIÇÃO / FÓSFORO

MATTRESS
(métris)
COLCHÃO

MEAL
(mil)
REFEIÇÃO

MECHANIC
(mekénik)
MECÂNICO

MERMAID
(mérmeid)
SEREIA

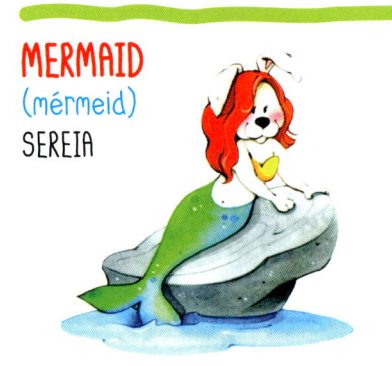

MESSAGE
(méssadj)
MENSAGEM

MIDDLE
(mídol)
MÉDIO / MEIO (CENTRO)

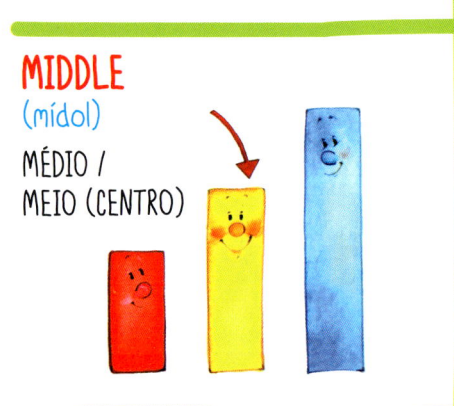

MIRROR
(miror)
ESPELHO

(TO) MIX
(tu miks)
MISTURAR

MONEY
(mâni)
DINHEIRO

MONTHS
(mânfs)

MESES

JAN	FEB	MAR	APR
MAY	JUN	JUL	AUG
SEP	OCT	NOV	DEC

JANUARY
(djéniuéri)
JANEIRO

FEBRUARY
(fébruéri)
FEVEREIRO

MARCH
(martch)
MARÇO

APRIL
(eipril)
ABRIL

MAY
(mei)
MAIO

JUNE
(djun)
JUNHO

JULY
(djulai)
JULHO

AUGUST
(ógâst)
AGOSTO

SEPTEMBER
(septêmbêr)
SETEMBRO

OCTOBER
(oktobêr)
OUTUBRO

NOVEMBER
(novêmbêr)
NOVEMBRO

DECEMBER
(disêmbêr)
DEZEMBRO

MONSTER
(manster)
MONSTRO

MOON
(mun)
LUA

MOTORBIKE / MOTORCYCLE
(moutorbaik / moutorsikêl)
MOTOCICLETA

MOUNTAIN
(mautein)
MONTANHA

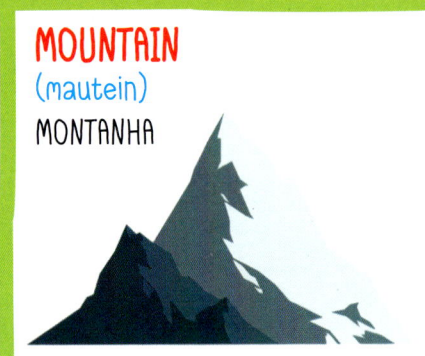

(TO) MOVE
(tu muv)
MOVER

MUCH
(mâtch)
MUITO

MUSEUM
(miuziâm)
MUSEU

MUSICIAN
(miuzichân)
MÚSICO / MUSICISTA

MUSIC NOTES
(miuzik nouts)
NOTAS MUSICAIS

MUSTACHE / MOUSTACHE
(mâstach)
BIGODE

MUSICAL INSTRUMENTS
(miuzikal instruments)
INSTRUMENTOS MUSICAIS

ACCORDION
(ekórdien)
ACORDEÃO

BASS
(beis)
CONTRABAIXO

CELLO
(tchélou)
VIOLONCELO

DRUMS
(dramz)
BATERIA

ELECTRIC GUITAR
(eléktrik guitar)
GUITARRA

FLUTE
(flut)
FLAUTA

GUITAR
(guitar)
VIOLÃO

HARMONICA
(harmónika)
GAITA DE BOCA

HARP
(harp)
HARPA

PIANO
(pianou)
PIANO

SAXOPHONE
(séxoufon)
SAXOFONE

TROMBONE
(tromboun)
TROMBONE

TRUMPET
(trâmpit)
TROMPETE

TUBA
(tiúba)
TUBA

VIOLIN
(vaiolin)
VIOLINO

N
(en)
N

NAIL
(neil)
UNHA / PREGO

NAME
(neim)
NOME

NAPKIN
(népkin)
GUARDANAPO

NARROW
(nérou)
ESTREITO / APERTADO

NASTY
(nésti)
DESAGRADÁVEL / RUIM / NOJENTO

NATIVE
(neitiv)
NATIVO

NATION
(neichân)
NAÇÃO / PAÍS

84

NATIONS
(neichânz)

NAÇÕES

ARGENTINA
(ardgentina)
ARGENTINA

AUSTRALIA
(ostrélia)
AUSTRÁLIA

AUSTRIA
(óstria)
ÁUSTRIA

BELGIUM
(béldgium)
BÉLGICA

BRAZIL
(brazil)
BRASIL

CANADA
(kénada)
CANADÁ

COLOMBIA
(kolombia)
COLÔMBIA

CHINA
(tcháina)
CHINA

CUBA
(kiuba)
CUBA

DENMARK
(dénmark)
DINAMARCA

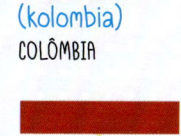

EGYPT
(idgipt)
EGITO

ENGLAND
(ingland)
INGLATERRA

FINLAND
(finland)
FINLÂNDIA

FRANCE
(fréns)
FRANÇA

GERMANY
(djérmani)
ALEMANHA

GREECE
(gris)
GRÉCIA

INDIA
(índia)
ÍNDIA

IRELAND
(airland)
IRLANDA

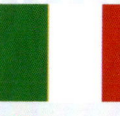

ISRAEL
(izreil)
ISRAEL

ITALY
(ítali)
ITÁLIA

JAPAN
(djapén)
JAPÃO

LEBANON
(lébanon)
LÍBANO

MALAYSIA
(maleigia)
MALÁSIA

MEXICO
(méksikou)
MÉXICO

NETHERLANDS
(nédérlénz)
PAÍSES BAIXOS / HOLANDA

PARAGUAY
(páraguai)
PARAGUAI

PERU
(perú)
PERU

PHILIPPINES
(filipinz)
FILIPINAS

POLAND
(pouland)
POLÔNIA

PORTUGAL
(pórtchugal)
PORTUGAL

PUERTO RICO
(puerto rico)
PORTO RICO

NEW ZEALAND
(niú zílénd)
NOVA ZELÂNDIA

NIGERIA
(naigéria)
NIGÉRIA

NORWAY
(nóruei)
NORUEGA

RUSSIA
(rúchá)
RÚSSIA

SOUTH AFRICA
(sóuth áfrika)
ÁFRICA DO SUL

SAUDI ARABIA
(seidi aréibia)
ARÁBIA SAUDITA

SOUTH KOREA
(sóuth koria)
COREIA DO SUL

SPAIN
(spein)
ESPANHA

TURKEY
(târkei)
TURQUIA

TAIWAN
(taiuón)
TAIWAN

URUGUAY
(iuruguai)
URUGUAI

SWEDEN
(suíden)
SUÉCIA

SWITZERLAND
(suítzerlénd)
SUIÇA

UNITED KINGDOM
(iunaited kingdom)
REINO UNIDO

U.S.A. / UNITED STATES
(iuései / iunaited steits)
ESTADOS UNIDOS

NEAR
(niâr)
PERTO

NECKLACE
(nékleis)
COLAR

NEEDLE
(nidâl)
AGULHA

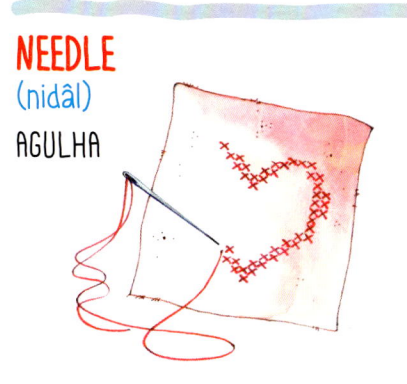

NEST
(nést)
NINHO

NET
(nét)
REDE

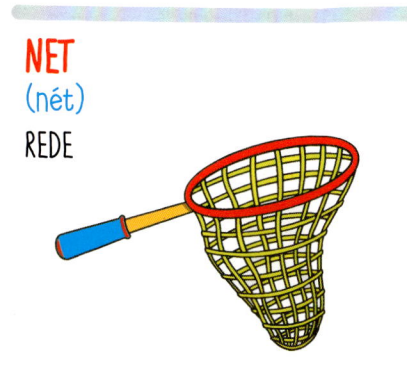

NEVER
(néver)
NUNCA

NEW
(niu)
NOVO

NEWSPAPER
(niuspeipâr)
JORNAL

NIGHT
(nait)
NOITE

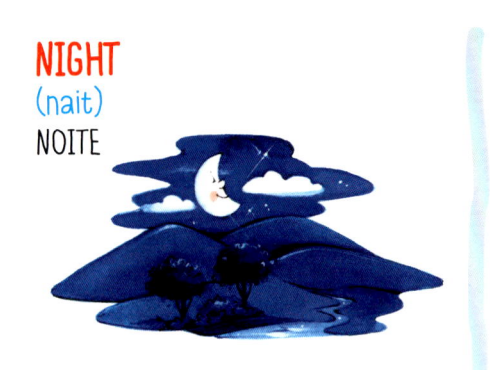

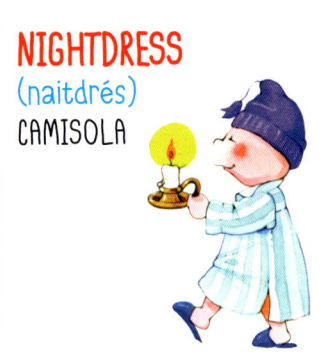

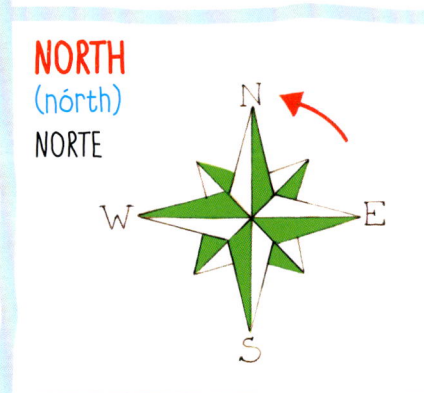

NIGHTDRESS
(naitdrés)
CAMISOLA

NO
(nou)
NÃO

NOBODY
(noubódi)
NINGUÉM

NOISE
(nóiz)
BARULHO / RUÍDO

NORTH
(nórth)
NORTE

NOTHING
(nófin)
NADA

NOW
(nau)
AGORA

NUMBERS
(nâmbêrs)

NÚMEROS

0 ZERO (zírou) ZERO

1 ONE (uân) UM

2 TWO (tú) DOIS

3 THREE (fri) TRÊS

4 FOUR (fór) QUATRO

5 FIVE (faiv) CINCO

6 SIX (siks) SEIS

7 SEVEN (séven) SETE

8 EIGHT (êit) OITO

9 NINE (náin) NOVE

10 TEN (tén) DEZ

20 TWENTY (tuénti) VINTE

30 THIRTY (târti) TRINTA

40 FORTY (fórti) QUARENTA

50 FIFTY (fifti) CINQUENTA

60 SIXTY (siksti) SESSENTA

70 SEVENTY (séventi) SETENTA

80 EIGHTY (eiti) OITENTA

90 NINETY (náinti) NOVENTA

100 ONE HUNDRED (uân hândrêd) CEM

1000 ONE THOUSAND (uân táuzend) MIL

O
(ou)
o

OAR
(ór)
REMO

OASIS
(oueisis)
OÁSIS

OBESE
(oubis)
OBESO / GORDO

(TO) OBEY
(tu obei)
OBEDECER

OBJECT
(óbjeckt)
OBJETO

OBSTACLE
(óbstacol)
OBSTÁCULO

OCEAN
(ouchan)
OCEANO

OCTOPUS
(óktupâs)
POLVO

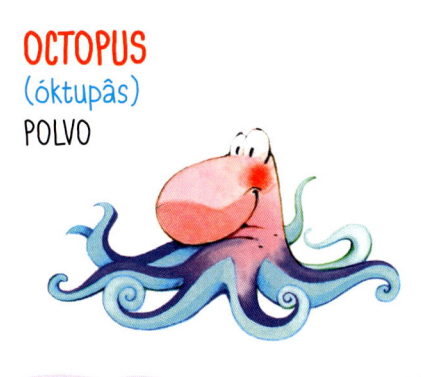

ODD
(ód)
ESQUISITO

OFFICE
(ófis)
ESCRITÓRIO

OF
(óf)
DE

OK / OKAY
(oukei)
TUDO BEM /
CERTO /
ESTÁ BEM

OLD
(old)
VELHO

OLIVES
(ólivs)
AZEITONAS

ON / OFF
(ón / óf)
LIGADO / DESLIGADO

ONLY
(onli)
SOMENTE

OPEN
(oupen)
ABERTO

OPPOSITE
(ópozit)
OPOSTO

OR
(ór)
OU

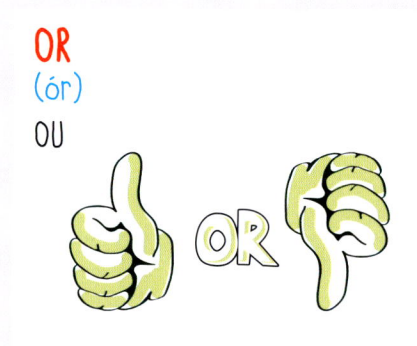

OUT
(aut)
FORA

OVEN
(óven)
FORNO

OVER
(ouver)
SOBRE /
POR CIMA DE

OYSTER
(óister)
OSTRA

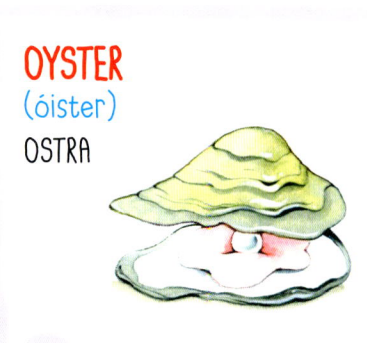

P
(pi)
P

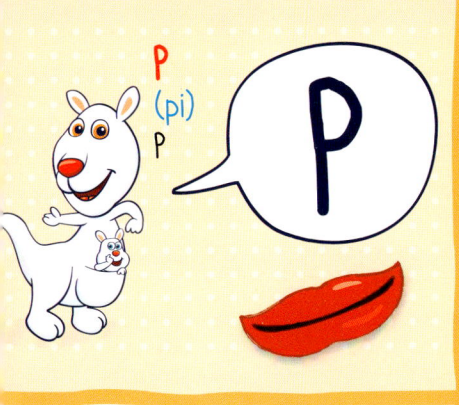

PAGE
(peidj)
PÁGINA

PALACE
(pálas)
PALÁCIO

PALM TREE
(palm tri)
PALMEIRA

PAPER
(peipâr)
PAPEL

PARACHUTE
(pérachut)
PARAQUEDAS

PARK
(park)
PARQUE

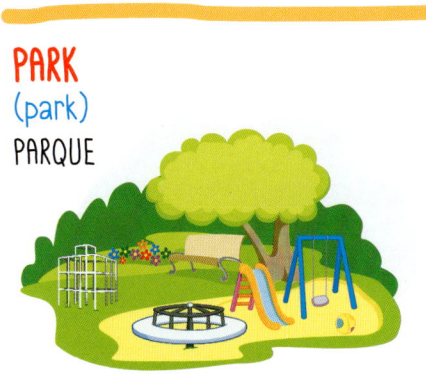

PARTY
(párti)
FESTA

PATIENT
(peichânt)
PACIENTE

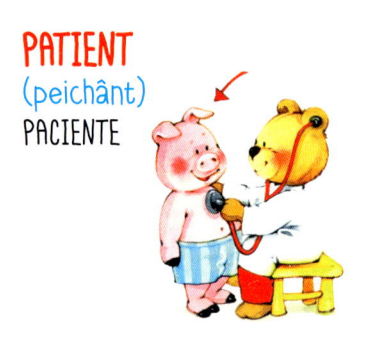

PEACE
(pís)
PAZ

PEARL
(pârl)
PÉROLA

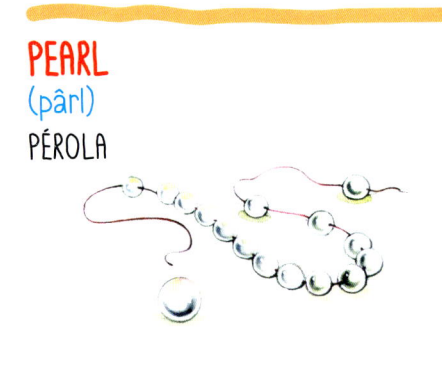

PEEL
(pil)
CASCA / PELE

PEN
(pén)
CANETA

PENCIL
(pénsil)
LÁPIS

PEOPLE
(pipâl)
PESSOAS / POVO

PERFUME
(pêrfium)
PERFUME

PET
(pét)
ANIMAL DE ESTIMAÇÃO

PETROLEUM
(petrouliam)
PETRÓLEO

PHONE
(foun)
TELEFONE

PHOTOGRAPHER
(fotógrafer)
FOTÓGRAFO

PICTURE
(pikchâr)
FIGURA / FOTOGRAFIA / DESENHO / QUADRO

PIE
(pai)
TORTA

PILL
(pil)
PÍLULA

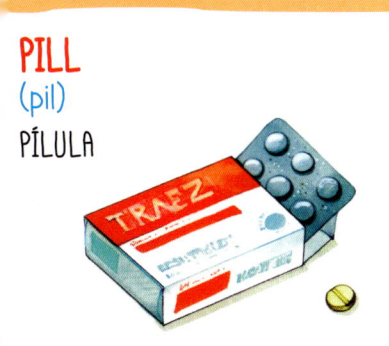

PILLOW
(pilou)
TRAVESSEIRO

PILOT
(pailot)
PILOTO

PIRATE
(pairet)
PIRATA

PLANET
(plénit)
PLANETA

PLANT
(plént)
PLANTA

PLASTIC
(pléstik)
PLÁSTICO

PLATE
(pleit)
PRATO

(TO) PLAY
(tu plei)
JOGAR / BRINCAR / TOCAR

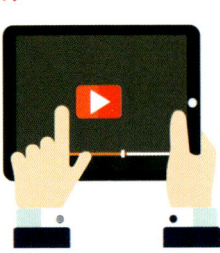

PLEASE
(pliz)
POR FAVOR

QUIET PLEASE!

POCKET
(póket)
BOLSO

POLICEMAN
(polismén)
POLICIAL

POOR
(pur)
POBRE

PORT
(pórt)
PORTO

POT
(pót)
PANELA / CAÇAROLA

PRESENT
(présent)
PRESENTE

PRETTY
(príti)
BONITA(O)

PRICE
(prais)
PREÇO

PRINCE
(prins)
PRÍNCIPE

PRISON
(prízon)
PRISÃO

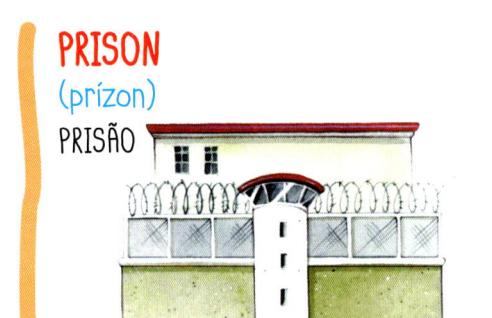

PROBLEM
(próblem)
PROBLEMA

(TO) PULL / (TO) PUSH
(tu pul / tu pâsh)
PUXAR / EMPURRAR

PUPIL
(piupil)
PUPILA

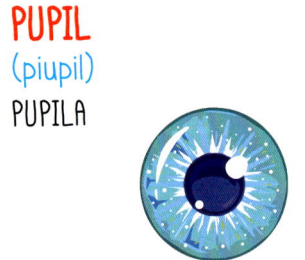

PURSE
(pârz)
BOLSA / PORTA-MOEDAS

PUZZLE
(pâzou)
QUEBRA-CABEÇA

PYRAMID
(piremid)
PIRÂMIDE

Q
(kíu)
Q

QUADRUPED
(kuádruped)
QUADRÚPEDE

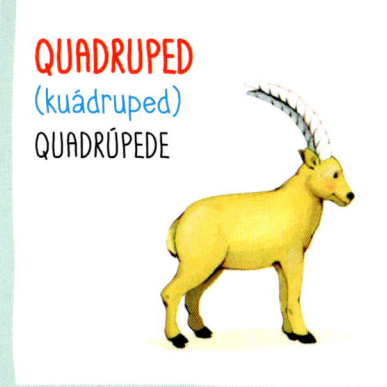

QUALITY
(kuóliti)
QUALIDADE

QUANTITY
(kuántiti)
QUANTIDADE

(TO) QUARREL
(tu kuérol)
DISCUTIR / DISCORDAR / BRIGAR

QUARTER
(kuárter)
UM QUARTO

QUARTERBACK
(kuárterbék)
ZAGUEIRO

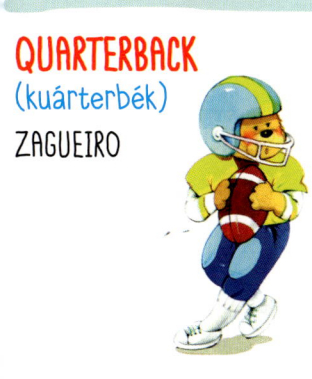

QUEEN
(kuín)
RAINHA

QUESTION
(kuéstion)
QUESTÃO / PERGUNTA

QUEUE
(kiu)
FILA

QUICK
(kuík)
VELOZ

QUIET
(kuait)
QUIETO / TRANQUILO / SOSSEGADO

QUILL
(kuil)
PENA

QUILT
(kuílt)
COLCHA

(TO) QUIT
(tu kuít)
SAIR / DESISTIR / ABANDONAR

QUIZ
(kuíz)
TESTE / JOGO DE PERGUNTAS / QUESTIONÁRIO

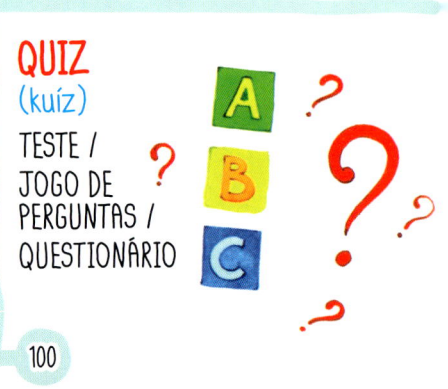

R
(ar)
R

RACE
(reis)
CORRIDA

RACKET
(réket)
RAQUETE

RADIO
(reidiou)
RÁDIO

RAIL
(reil)
TRILHO

RAILROAD / RAILWAY
(reilroud / reiluei)
FERROVIA

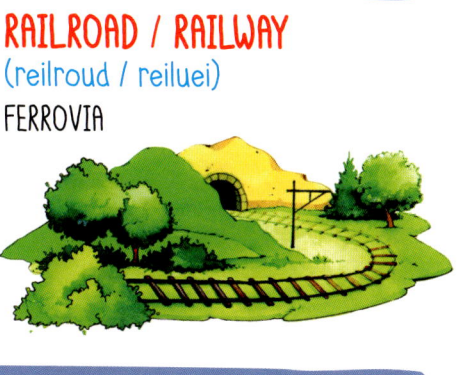

RAIN
(rein)
CHUVA

RAINBOW
(reinbou)
ARCO-ÍRIS

RANCH
(rénch)
FAZENDA / GRANJA / ESTÂNCIA

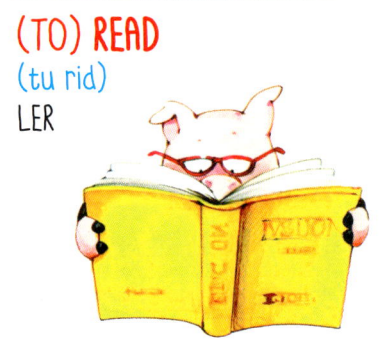

RAPID
(rápid)
RÁPIDO / LIGEIRO / VELOZ

RASPBERRY
(réspbéri)
FRAMBOESA

RAY
(rei)
RAIO

(TO) READ
(tu rid)
LER

RECIPE
(récépi)
RECEITA

REFRIGERATOR / FRIDGE
(refridjereitor / fridj)
REFRIGERADOR / GELADEIRA

RESTAURANT
(réstrant)
RESTAURANTE

RICH
(ritch)
RICO

RIVER
(river)
RIO

ROAD
(roud)
ESTRADA

ROBOT
(roubót)
ROBÔ

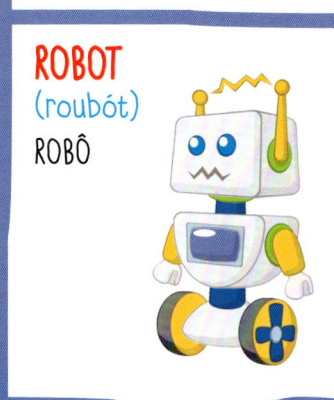

ROCK
(rók)
ROCHA / PEDRA

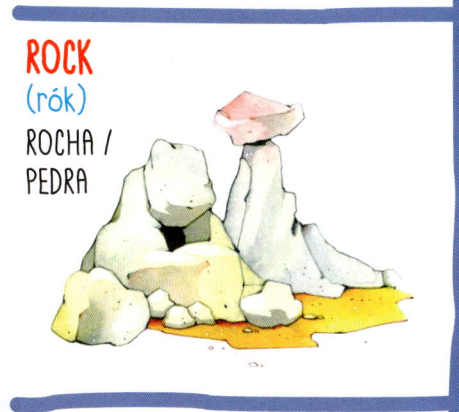

ROCKSTAR
(rók star)
ESTRELA DO ROCK

ROLL
(roul)
ROLO

ROOF
(ruf)
TELHADO

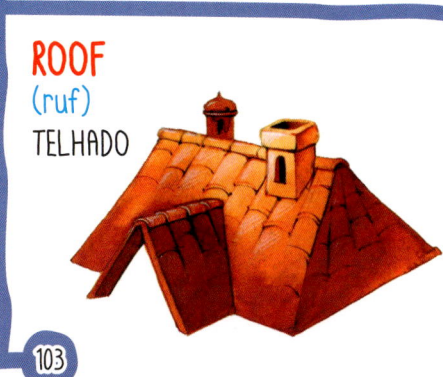

ROOT
(rut)
RAIZ

ROPE
(roup)
CORDA

ROUND
(raund)
REDONDO

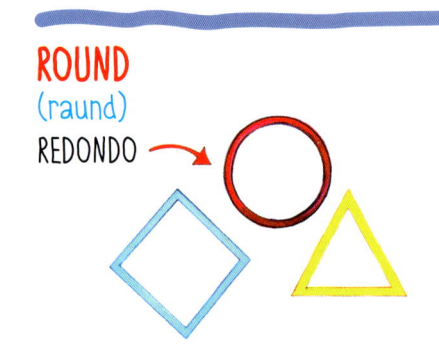

ROUTE
(rut)
ROTA

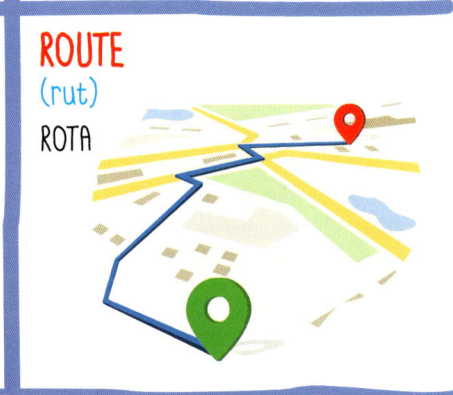

ROYAL
(róial)
REALEZA /
REAL /
NOBRE

RUBBER / ERASER
(râbâr / ireizâr)
BORRACHA

RUINS
(ruins)
RUÍNAS

(TO) RUN
(tu rân)
CORRER

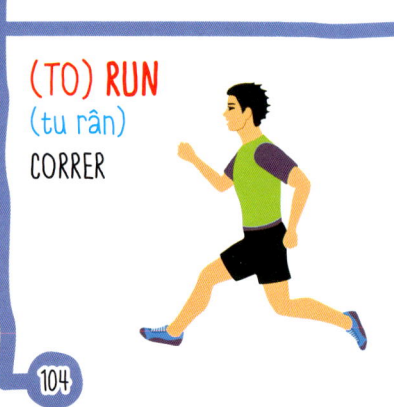

S
(és)
S

SAD
(séd)
TRISTE

SAFE
(seif)
COFRE / SEGURO(A)

SAIL
(seil)
VELA

SALE
(sêil)
VENDA / LIQUIDAÇÃO

SAME
(seim)
IDÊNTICO / IGUAL

SAND
(sénd)
AREIA

(TO) SAVE
(tu seiv)
SALVAR / GUARDAR / ECONOMIZAR

(TO) SAY
(tu sei)

DIZER /
FALAR /
AFIRMAR

SCARAB
(skérab)

ESCARAVELHO

SCARED
(skérd)

ASSUSTADO /
AMEDRONTADO

SCHOOL
(skul)

ESCOLA

SCISSORS
(sizors)

TESOURA

SCREW
(skru)

PARAFUSO

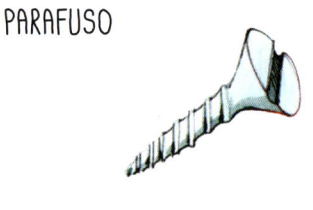

SCULPTOR
(skâlpter)

ESCULTOR

SEA
(si)

MAR

SEASONS
(sizons)

ESTAÇÕES DO ANO

SPRING
(spring)
PRIMAVERA

AUTUMN / FALL
(autum / fól)
OUTONO

SUMMER
(sâmer)
VERÃO

WINTER
(uintêr)
INVERNO

(TO) SEE
(tu si)
VER / ENXERGAR

(TO) SELL
(tu sél)
VENDER

(TO) SEND
(tu sénd)
ENVIAR / REMETER / MANDAR

SHAMPOO
(shampu)
XAMPU

SHAPES
(sheips)

FORMAS

CIRCLE
(cêrcl)
CÍRCULO

RECTANGLE
(réctangl)
RETÂNGULO

OVAL
(ôval)
OVAL

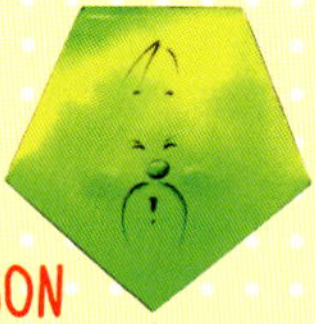

PENTAGON
(péntagon)
PENTÁGONO

TRIANGLE
(tráiangl)
TRIÂNGULO

SQUARE
(skuér)
QUADRADO

DIAMOND
(dáiamond)
LOSÂNGO

TRAPEZIUM
(trapizium)
TRAPÉZIO

PARALLELOGRAM
(páralélogrém)
PARALELOGRAMO

HEXAGON
(héksagon)
HEXÁGONO

SHARK
(chárk)

TUBARÃO

SHELL
(chél)

CONCHA

SHIP
(chip)

NAVIO

SHADOW
(shédou)

SOMBRA

SHOE
(shu)
SAPATO

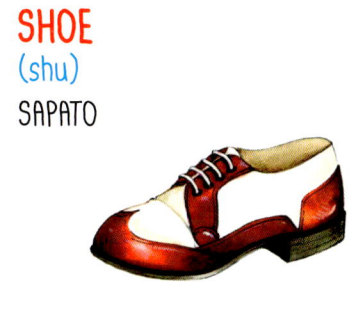

SHRIMP
(chrimp)
CAMARÃO

(TO) SHOP
(tu shóp)
FAZER COMPRAS / COMPRAR

SHORT
(shórt)
CURTO / BAIXO / PEQUENO

SHOWER
(shauer)
CHUVEIRO

SHY
(shai)
TÍMIDO / ACANHADO

SICK
(sik)
DOENTE

SIGN
(sain)
PLACA / SINAL

SILENCE
(sailéns)
SILÊNCIO

SILVER
(sílver)
PRATA

(TO) SING / SINGER
(tu sing / sinhâr)
CANTAR / CANTOR

(TO) SIT
(tu sit)
SENTAR

SKELETON
(skéleton)
ESQUELETO

SKIN
(skin)
PELE

SKY
(skai)
CÉU

(TO) SLEEP
(tu slip)
DORMIR

(TO) SLIDE
(tu slaid)
ESCORREGAR

SLOW
(slou)
DEVAGAR / LENTO

SMALL
(smól)
PEQUENO

SMART
(smart)
ESPERTO(A) / INTELIGENTE

SMELL
(smél)
AROMA / CHEIRO / ODOR

SNAKE
(sneik)
COBRA

SNEEZE
(sniz)
ESPIRRAR

SNOW
(snou)
NEVE

SO
(sou)
ASSIM / ENTÃO / DESTE MODO

SOAP
(soup)
SABÃO

SOLDIER
(soudjer)
SOLDADO

SOFT
(sóft)
SUAVE / MACIO

SORRY
(sóri)
DESCULPE / PERDÃO / SINTO MUITO

SOUND
(saund)
SOM

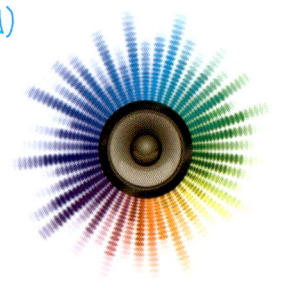

SOUTH
(sóuth)
SUL

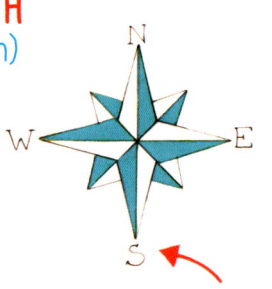

(TO) SPEAK
(tu spik)
FALAR / CONVERSAR

SPICES
(spaices)

TEMPEROS / CONDIMENTOS / ESPECIARIAS

BASIL
(beisol)
MANJERICÃO

CINNAMON
(sinamon)
CANELA

COCOA
(koukou)
CACAU

CLOVE
(klouv)
CRAVO-DA-ÍNDIA

GARLIC
(garlik)
ALHO

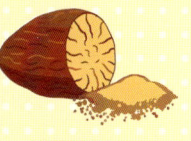

NUTMEG
(nâtmég)
NOZ-MOSCADA

OREGANO
(oréganou)
ORÉGANO

PARSLEY
(parsli)
SALSA / SALSINHA

PEPPER
(péper)
PIMENTA

SALT
(sólt)
SAL

SPLASH
(splésh)
ESGUICHO / RESPINGO

SPONGE
(spândj)
ESPONJA

SPIDER
(spaider)
ARANHA

SPOON
(spun)
COLHER

SPORTS
(spórts)

ESPORTES

ARCHERY
(ártcheri)
TIRO COM ARCO E FLECHA

BASEBALL
(beizból)
BEISEBOL

BASKETBALL
(baskétból)
BASQUETEBOL

BOXING
(bóksin)
BOXE

CYCLING
(saiklin)
CICLISMO

FENCING
(fénsin)
ESGRIMA

FOOTBALL
(futból)
FUTEBOL AMERICANO

GOLF
(gólf)
GOLFE

GYMNASTICS
(djimnéstiks)
GINÁSTICA

HANG GLIDING
(heng glaidin)
VOO LIVRE

HOCKEY
(hóki)
HÓQUEI

HORSE RIDING
(hórs raidin)
EQUITAÇÃO / HIPISMO

ICE SKATING
(ais skeitin)
PATINAÇÃO NO GELO

KARATE
(karadi)
CARATÊ

SAILING
(seilin)
IATISMO

PARACHUTING
(parachuting)
PARAQUEDISMO

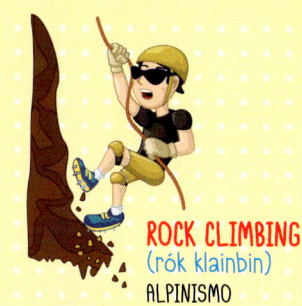

ROCK CLIMBING
(rók klainbin)
ALPINISMO

RUNNING
(rânin)
CORRIDA

SCUBA DIVING
(scuba daivin)
MERGULHO

SKATEBOARDING
(skeitbórdin)
ANDAR DE SKATE

SKI
(ski)
ESQUI

SURFING
(sârfin)
SURFE

SNOWBOARDING
(snoubórdin)
SURFE NA NEVE

SOCCER
(sóker)
FUTEBOL

SWIMMING
(suímin)
NATAÇÃO

TENNIS
(ténis)
TÊNIS

VOLLEYBALL
(voleiból)
VOLEIBOL

WATER SKIING
(uóter skiin)
ESQUI AQUÁTICO

WEIGHT LIFTING
(ueit liftin)
HALTEROFILISMO

WINDSURFING
(uindsârfin)
WINDSURFE

STAIRS
(stérs)
ESCADA

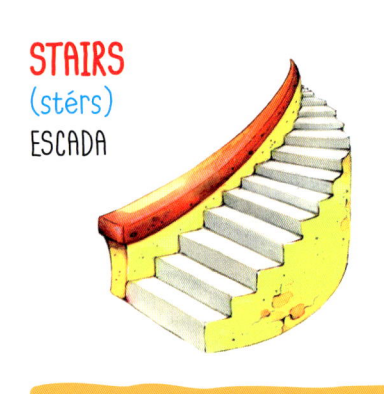

STAMP
(stémp)
SELO

STAR
(star)
ESTRELA

STATION
(steischân)
ESTAÇÃO / PONTO DE PARADA

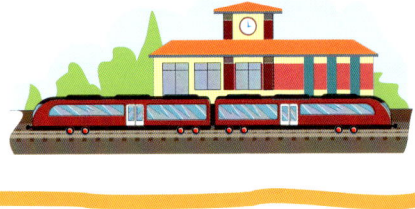

STICK
(stik)
BASTÃO

STONE
(stoun)
PEDRA / ROCHA

STOP
(stóp)
PARE

STREET
(strit)
RUA

STRONG
(strong)
FORTE

STUDENT
(stiúdent)
ESTUDANTE / ALUNO

(TO) STUDY
(tu stâdi)
ESTUDAR

SUBMARINE
(sâbmarin)
SUBMARINO

SUITCASE
(suitkeis)
MALA DE VIAGEM

(TO) SUM / (TO) ADD
(tu sâm / tu éd)
SOMAR / ADICIONAR

SUN / SUNSHINE
(san / sanchain)
SOL - LUZ SOLAR / RAIOS SOLARES / BRILHO DO SOL

SUNRISE / SUNSET
(sanraiz / sansét)
NASCER DO SOL / PÔR DO SOL

SUNGLASSES
(sângléces)
ÓCULOS DE SOL

SUPERMARKET
(supermarkt)
SUPERMERCADO

SURF
(sârf)
SURFE

SURPRISE
(surpraiz)
SURPRESA

SWEET
(suit)
DOCE / DOÇURA

(TO) SWIM
(tu suím)
NADAR

SWIMMING POOL
(suímin pul)
PISCINA

(TO) SWING
(tu suíng)
BALANÇAR

T
(ti)
T

T-SHIRT
(ti-chêrt)
CAMISETA

TABLE
(teibâl)
MESA

TABLET
(táblet)
TABLET

TAIL
(teil)
CAUDA

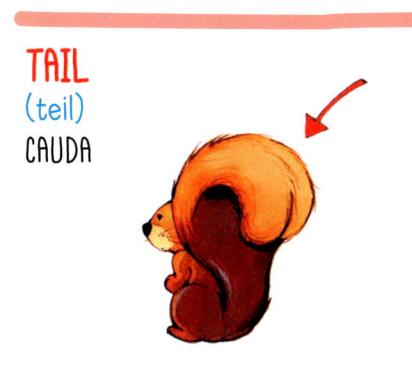

(TO) TAKE
(tu teik)
PEGAR / LEVAR

TALL
(tól)
ALTO

TARGET
(tárguit)
ALVO / OBJETIVO

TEACHER
(titcher)
PROFESSOR(A)

TEAM
(tim)
EQUIPE

TEAR
(tíar)
LÁGRIMA

TEETH
(tif)
DENTES

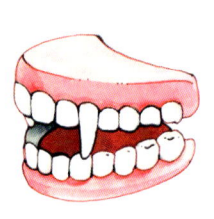

TELEPHONE
(télifoun)
TELEFONE

TELEVISION / TV
(télevijan / tivi)
TELEVISÃO

(TO) TELL
(tu tél)
CONTAR / DIZER / INFORMAR

THANK YOU / THANKS
(ténk iú / ténks)
OBRIGADO(A)

THANK YOU!

YOU ARE WELCOME!

THE (de/di)
O(S) / A(S)

THAT (dét)
AQUELA

THIS (singular) (dis) ESTE / ISTO / ESTA / ESSE / ISSO / ESSA	**THESE** (plural) (dizz) ESTES(AS) ESSES(AS)
THAT (singular) (dét) AQUILO / AQUELE(A)	**THOSE** (plural) (dous) AQUELES(AS)

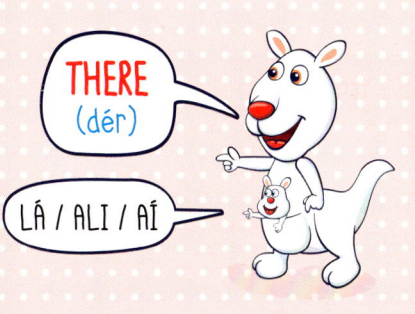

THERE (dér)
LÁ / ALI / AÍ

THEATRE / THEATER (tiatêr)
TEATRO

THIN (fin)
FINO / MAGRO / ESBELTO / ESTREITO

(TO) THINK (tu fink)
PENSAR / REFLETIR

THIRD (târd)
TERCEIRO / TERÇA PARTE

THORN (tórn)
ESPINHO

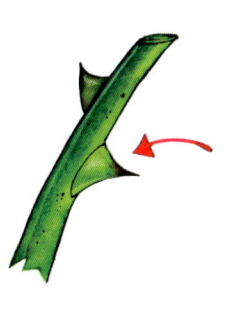

THREAD
(thréd)
FIO / LINHA

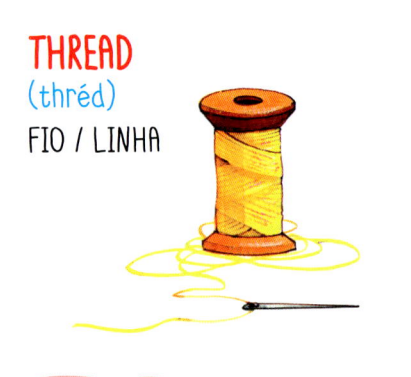

(TO) THROW
(tu throu)
LANÇAR / ARREMESSAR / JOGAR

TIME
(taim)
TEMPO

TIRED
(taierd)
CANSADO(A)

TODAY
(tudei)
HOJE

TOGETHER
(tuguédâr)
JUNTOS

TOMORROW
(tumórou)
AMANHÃ

TOOLKIT
(tulkit)
CAIXA DE FERRAMENTAS

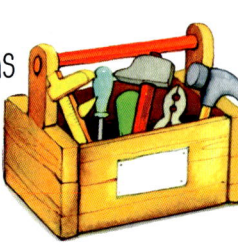

TOOTHPASTE / TOOTHBRUSH
(tufpeist / tufbrâsh)
CREME DENTAL / ESCOVA DE DENTE

TOP
(tóp)
TOPO / CUME

TURTLE
(târtâl)
TARTARUGA-
-MARINHA

TORTOISE
(tórtus)
CÁGADO / JABUTI /
TARTARUGA-TERRESTRE

TOWEL
(taual)
TOALHA

TOWER
(tauêr)
TORRE

TOWN
(táun)
CIDADE

TOY
(tói)
BRINQUEDO

TRAFFIC LIGHT
(tréfik lait)
SEMÁFORO

TRAIL
(treiêl)
TRILHA

TRAIN
(trein)
TREM

(TO) TRAVEL
(tu trévol)
VIAJAR

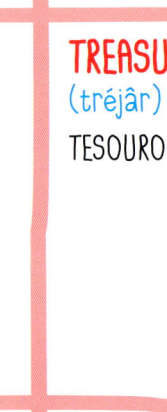

TREASURE
(tréjâr)
TESOURO

TREE
(tri)
ÁRVORE

TROLLEY
(tróli)
CARRINHO

TRUCK
(trâk)
CAMINHÃO

TIRE
(taier)
PNEU

U
(iu)
U

UNDERWEAR
(ânderuér)
ROUPA DE BAIXO /
ROUPA ÍNTIMA

UMBRELLA
(âmbréla)
GUARDA-CHUVA

UNDER
(ânder)
SOB / DEBAIXO

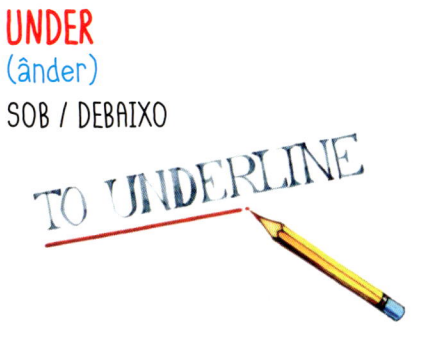

(TO) UNDERSTAND
(tu andersténd)
ENTENDER /
COMPREENDER

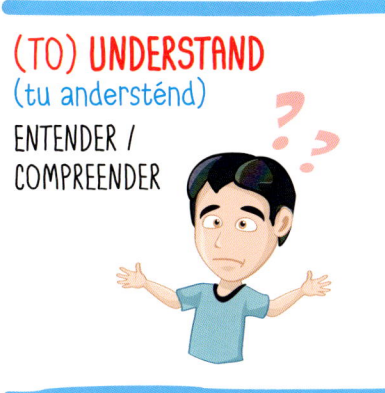

UNIFORM
(iúnifórm)
UNIFORME

UNIVERSITY
(iúnivêrsiti)
UNIVERSIDADE

UP
(âp)
PARA CIMA

V
(vi)
V

VACATION
(veikeishên)
FÉRIAS

VACUUM CLEANER
(vákium klinâr)
ASPIRADOR DE PÓ

VALENTINE'S DAY
(veléntains dei)
DIA DOS NAMORADOS

VALLEY
(véli)
VALE

VAN
(vén)
FURGÃO

VANILLA
(vanila)
BAUNILHA

VASE
(veiz)
VASO

VEGETABLES
(védjitâbâls)

VEGETAIS

ARTICHOKE
(artichouk)
ALCACHOFRA

BEET / BEETROOT
(bit / bitrut)
BETERRABA

BEANS
(bins)
FEIJÕES

BROCCOLI
(brókoli)
BRÓCOLIS

BELL PEPPER
(bél péper)
PIMENTÃO

CABBAGE
(kébedj)
REPOLHO

CARROT
(kérot)
CENOURA

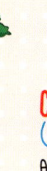

CELERY
(sélâri)
AIPO

CORN
(kórn)
MILHO

CUCUMBER
(kiukâmbâr)
PEPINO

EGGPLANT / AUBERGINE
(éggplént / oubergin)
BERINJELA

LETTUCE
(létis)
ALFACE

MUSHROOM
(mâchrum)
COGUMELO

ONION
(ánion)
CEBOLA

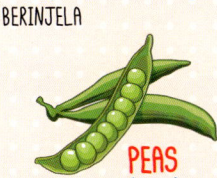

PEAS
(piiz)
ERVILHAS

POTATO
(poteito)
BATATA

PUMPKIN
(pâmpkin)
ABÓBORA

STRING BEAN
(string bin)
VAGEM

TOMATO
(tomeito)
TOMATE

ZUCCHINI
(zukíni)
ABOBRINHA

VETERINARIAN / VET
(véterinérian / vét)
VETERINÁRIO

VERY
(véri)
MUITO

VICTORY
(víktori)
VITÓRIA

VIEW
(viú)
VISTA

VILLAGE
(víladj)
ALDEIA / VILA

VOICE
(vóis)
VOZ

VOWELS
(váuels)
VOGAIS

VOYAGE
(vóiidj)
VIAGEM

W
(dabliú)
w

WAFER
(ueifer)
WAFER

WAIST
(ueist)
CINTURA

(TO) WAIT
(tu ueit)
ESPERAR / AGUARDAR

WAITRESS
(ueitres)
GARÇONETE

(TO) WAKE
(tu uéik)
ACORDAR

(TO) WALK
(tu uólk)
CAMINHAR

WALL
(uól)
MURO

WAND
(uand)

VARINHA MÁGICA / VARA DE CONDÃO

(TO) WANT
(tu uant)

QUERER

WAR
(uór)

GUERRA

WARM
(uórm)

QUENTE

WASH
(uósh)

LAVAGEM / BANHO

WATCH
(uótch)

RELÓGIO DE PULSO

WATER
(uóter)

ÁGUA

WE
(uí)

NÓS

WEEK
(uik)

SEMANA

SUN
SUNDAY
(sandei)
DOMINGO

MON
MONDAY
(mandei)
SEGUNDA-FEIRA

TUE
TUESDAY
(tchuzdei)
TERÇA-FEIRA

WED
WEDNESDAY
(uénzdei)
QUARTA-FEIRA

THU
THURSDAY
(târzdei)
QUINTA-FEIRA

FRI
FRIDAY
(fraidei)
SEXTA-FEIRA

SAT
SATURDAY
(sétêrdei)
SÁBADO

WELCOME
(uélkam)
BEM-VINDO(A)

WELL
(uél)
BEM

WEST
(uést)
OESTE

WHAT
(uót)
QUE / O QUE

WHEN
(uén)
QUANDO

WHALE
(ueiêl)
BALEIA

WHERE
(uér)
ONDE

WHICH
(uítch)
QUAL

WHO (hu) — QUEM

WHY (uai) — POR QUE

WIFE (uáif) — ESPOSA

WILD (uáild) — SELVAGEM

(TO) WIN (tu uín) — VENCER / GANHAR

WIND (uínd) — VENTO

WING (uíng) — ASA

WOMAN (*w*úman) — MULHER

WOOD
(wúd)
MADEIRA

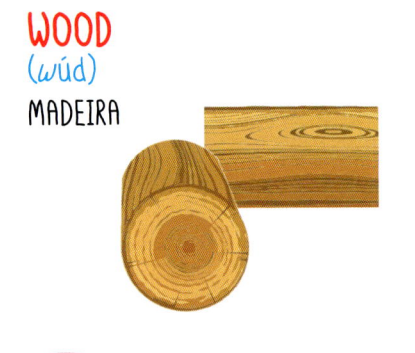

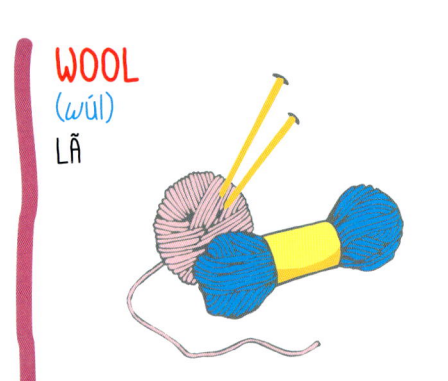

WOOL
(wúl)
LÃ

WORM
(uórm)
VERME

WORD
(uord)
PALAVRA

WORK
(uork)
TRABALHO

WORLD
(uorld)
MUNDO

WRAP
(rép)
EMBRULHO / EMBALAGEM

(TO) WRITE
(tu rait)
ESCREVER

X
(éks)
X

XEROX
(zíroks)
XEROCAR / FAZER CÓPIA

XMAS / CHRISTMAS
(kristmas)

NATAL

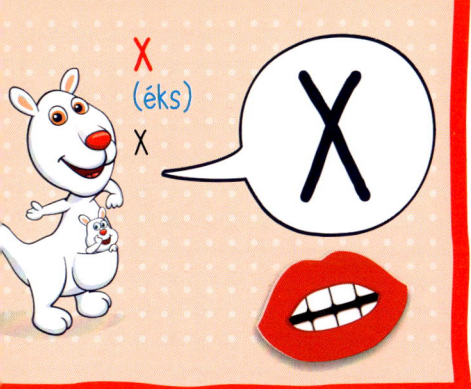

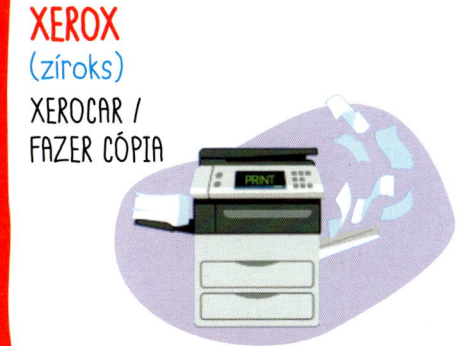

GIFT
(guift)
PRESENTE

CHRISTMAS TREE
(kristmas tri)
ÁRVORE DE NATAL

WREATH / GARLAND
(rit / gárlénd)
GRINALDA / GUIRLANDA

CANDY CANE
(kéndi kein)
BENGALA DOCE

CHRISTMAS BALLS
(kristmas bóls)
BOLAS DE NATAL

SANTA CLAUS
(sénta klóz)
PAPAI NOEL

SANTA'S CAP
(séntas kép)
TOUCA DE PAPAI NOEL

CHRISTMAS BOOT
(kristmas but)
BOTA DE NATAL

XYLOPHONE
(zailofoun)
XILOFONE

X-RAY
(éks-rei)
RAIO X

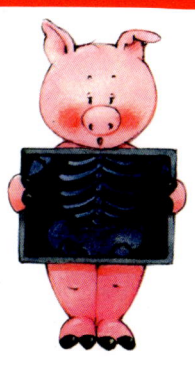

Y
(uai)
Y

YACHT
(iát)
IATE

YARN
(iárn)
FIO
(de lã,
de algodão)

YES
(iés)
SIM

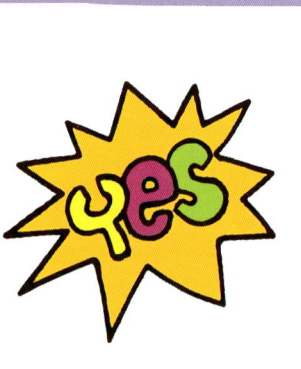

YESTERDAY
(iésterdei)
ONTEM

YOGURT / YOGHURT
(iógurt)
IOGURTE

YOU
(iú)
VOCÊ

YOUNG
(iang)
JOVEM

Z
(zi)
Z

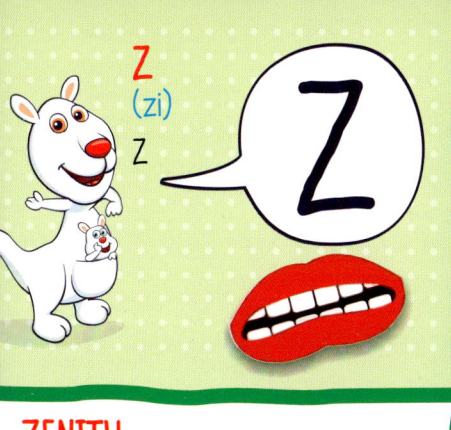

ZEBRA
(zibra)
ZEBRA

ZENITH
(zênit)
ZÊNITE

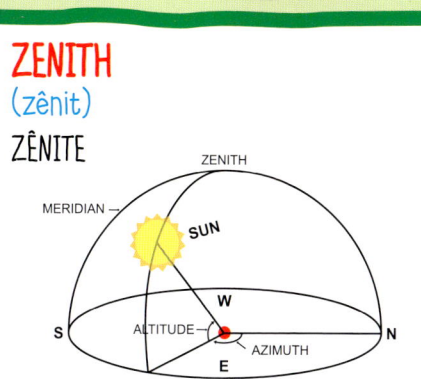

ZEPPELIN AIRSHIP
(zépelin érchip)
DIRIGÍVEL ZEPELIM

ZIGZAG
(zigzag)
ZIGUE-ZAGUE

ZIPPER
(zíper)
ZÍPER

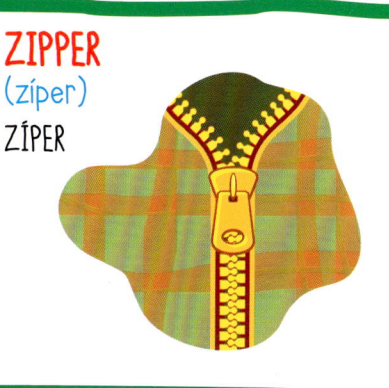

ZOO
(zu)
ZOOLÓGICO

ZOOM
(zum)
ZOOM

INDEX
(índeks)

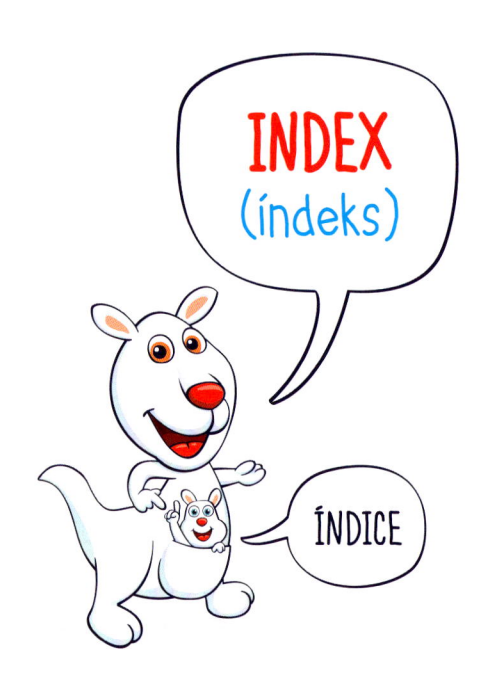

ÍNDICE

Português	Inglês	Pronúncia	Página
A	A / AN	ei / én	07
ABACATE	AVOCADO	avokadou	52
ABACAXI	PINEAPPLE	painépâl	52
ABAIXO / EMBAIXO / POR BAIXO	BELOW	bilou	16
ABAIXO / PARA BAIXO	DOWN	daun	42
ABAJUR / LUMINÁRIA / LÂMPADA	LAMP	lémp	73
ABERTO	OPEN	oupen	92
ABÓBORA	PUMPKIN	pâmpkin	127
ABOBRINHA	ZUCCHINI	zukíini	127
ABRIL	APRIL	eipril	81
ABUTRE	VULTURE	valtchur	19
ACADEMIA	GYM	djim	57
ACAMPAMENTO	CAMP	kémp	26
ACERTAR / ATINGIR	HIT	hit	61
ACIDENTE	ACCIDENT	éksident	07
ACORDADO	AWAKE	aueik	13
ACORDAR	(TO) WAKE	tu uéik	129
ACORDEÃO	ACCORDION	ekórdien	83
AÇÚCAR	SUGAR	chugâr	23
ADEUS / TCHAU	GOODBYE	gudbai	56
ADICIONAR / SOMAR	(TO) ADD	tu éd	07
ADORMECIDO	ASLEEP	aslip	13
ADQUIRIR / COMPRAR	(TO) BUY	tu bai	24
ADULTO	ADULT	ádolt	08
AEROPORTO	AIRPORT	érpórt	09
ÁFRICA DO SUL	SOUTH AFRICA	sóuth áfrika	86
AGASALHO DE TREINO	TRACKSUIT	tréksut	32
AGENDA / DIÁRIO	DIARY	daiari	39
AGORA	NOW	nau	88
AGOSTO	AUGUST	ógâst	81
ÁGUA	WATER	uóter	40 e 130
ÁGUIA	EAGLE	ígol	18
AGULHA	NEEDLE	nidâl	87
AIPO	CELERY	sélâri	127
AJUDA / SOCORRO	HELP	hélp	60
ALBATROZ	ALBATROSS	albatróz	18
ALCACHOFRA	ARTICHOKE	artichouk	127
ALCE	MOOSE	muz	11
ALDEIA / VILA	VILLAGE	víladj	128

Português	Inglês	Pronúncia	Página
ALEGRIA	JOY	djói	70
ALEMANHA	GERMANY	djérmani	85
ALFACE	LETTUCE	létis	127
ALHO	GARLIC	garlik	113
ALIMENTO / COMIDA	FOOD	fud	51
ALMOÇO	LUNCH	lantch	77
ALMOFADA	CUSHION	kushiân	36
ALPINISMO	ROCK CLIMBING	rók klainbin	115
ALTERAR / MUDAR / TROCAR	(TO) CHANGE	tu tcheindj	29
ALTO	TALL	tól	119
ALTO(A) / ELEVADO(A)	HIGH	hái	61
ALUNO / ESTUDANTE	STUDENT	stiúdent	117
ALVO / OBJETIVO	TARGET	tárguit	119
AMANHÃ	TOMORROW	tumórou	122
AMANHECER / NASCER DO SOL	SUNRISE	sanraiz	38
AMARELO	YELLOW	iélou	34
AMEDRONTADO	AFRAID	afreid	08
AMEIXA	PLUM	plâm	52
AMIGO(A)	FRIEND	frend	51
AMOR	LOVE	lâv	77
AMORA	BLACKBERRY	blékbéri	52
ANDAR DE SKATE	SKATEBOARDING	skeitbórdin	115
ANDORINHA	SWALLOW	sualou	19
ANIMAIS	ANIMALS	énimals	10
ANIMAL DE ESTIMAÇÃO	PET	pét	95
ANIVERSÁRIO / DATA DE NASCIMENTO	BIRTHDAY	bârfdei	20
ANJO	ANGEL	éndgel	12
ANOITECER / DE NOITINHA	EVENING	ivinin	38
ANTENA	ANTENNA	antena	27
ANTES	BEFORE	bifór	16
AO LADO DE / PERTO DE	BESIDE	bisaid	17
APERITIVO (bebidas)	APERITIF	apéritif	40
APERITIVO / ANTEPASTO	APPETIZER	apitaizer	40
APRECIAR / CURTIR / DESFRUTAR / APROVEITAR	(TO) ENJOY	tu indjói	44
APRENDER	(TO) LEARN	tu lârn	74
APRESENTAR	(TO) INTRODUCE	tu introdus	68
AQUELES(AS)	THOSE (plural)	dous	121
AQUI	HERE	hiâr	60
AQUILO / AQUELE(A)	THAT (singular)	dét	121
ARÁBIA SAUDITA	SAUDI ARABIA	seidi aréibia	86
ARANHA	SPIDER	spaider	113
ARARA	MACAW	maká	18
ARCO-ÍRIS	RAINBOW	reinbou	101

Português	Inglês	Pronúncia	Página
AREIA	SAND	sénd	105
ARGENTINA	ARGENTINA	árdgentina	85
A RESPEITO DE / SOBRE / ACIMA DE	ABOVE	abâv	07
AROMA / CHEIRO / ODOR	SMELL	smél	111
ARQUEIRO	ARCHER	ártcheri	12
ARQUITETO(A)	ARCHITECT	arkitékt	12
ARROZ	RICE	rais	77
ARTISTA	ARTIST	artist	12
ÁRVORE	TREE	tri	124
ÁRVORE DE NATAL	CHRISTMAS TREE	kristmas tri	135
ASA	WING	uíng	133
ASPIRADOR DE PÓ	VACUUM CLEANER	vákium klinâr	126
ASSENTO	SEAT	sit	17
ASSENTO (de carro)	CAR SEAT	kar sit	27
ASSIM / ENTÃO / DESTE MODO	SO	sou	112
ASSUSTADO / AMEDRONTADO	SCARED	skérd	106
ASTRONAUTA	ASTRONAUT	astronaut	13
ATERRISSAR / POUSAR	(TO) LAND	tu lénd	74
ATLETA	ATHLETE	atlit	13
ATRÁS	BEHIND	biháind	16
ATRAVÉS	ACROSS	akrós	07
AUSENTE	ABSENT	absént	07
AUSTRÁLIA	AUSTRALIA	ostrélia	85
ÁUSTRIA	AUSTRIA	óstria	85
AVENTURA	ADVENTURE	advéntchur	08
AVE / PÁSSARO	BIRD	bârd	18
AVES	BIRDS	bârds	18
AVES (domésticas)	POULTRY	póltri	40
AVESTRUZ	OSTRICH	óstritch	18
AVIÃO	AIRPLANE	érplein	08
AVÔ	GRANDFATHER	granfâder	47
AVÓ	GRANDMOTHER	granmóder	47
AVÓS	GRANDPARENTS	granpérânts	47
AZEITE DE OLIVA	OLIVE OIL	oliv óiêl	40
AZEITONAS	OLIVES	ólivs	91
AZUL	BLUE	blu	34

Português	Inglês	Pronúncia	Página
B	B	bí	14
BAGAGEIRO	CARRIER	kérier	17
BAGAGEIRO (de carro)	CARGO CARRIER	kargou kérier	27

Português	Inglês	Pronúncia	Página
BAGAGEM	LUGGAGE	lâguedj	77
BAIXO / ESCASSO / ACABANDO	LOW	lou	77
BALA / DOCE	CANDY	kéndi	26
BALANÇAR	(TO) SWING	tu suíng	118
BALÃO	BALOON	balun	15
BALEIA	WHALE	ueiêl	132
BANANA	BANANA	banéna	52
BANCO	BANK	bénk	15
BANDEIRA	FLAG	flég	49
BANHEIRO	BATHROOM	béfrum	15 e 63
BANHO / LAVAGEM	WASH	uósh	130
BARATA	COCKROACH	kókroutch	33
BARBA	BEARD	bird	15
BARCO	BOAT	bout	20
BARRIGA	BELLY	béli	21
BARULHO / RUÍDO	NOISE	nóiz	88
BASQUETEBOL	BASKETBALL	baskétból	114
BASTÃO	STICK	stik	116
BATATA	POTATO	poteito	127
BATATA FRITA	FRENCH FRIES	fréntch fraiz	77
BATATAS FRITAS / SALGADINHOS	CHIPS	tchips	30
BATE-PAPO	CHAT	tchét	30
BATER / FAZER RUÍDO	(TO) KNOCK	tu nók	72
BATERIA	DRUMS	dramz	83
BAUNILHA	VANILLA	vanila	126
BEBÊ	BABY	beibi	14 e 47
BEBER	(TO) DRINK	tu drink	42
BEIJA-FLOR	HUMMINGBIRD	hâminbârd	18
BEIJO	KISS	kis	72
BEISEBOL	BASEBALL	beizból	114
BÉLGICA	BELGIUM	béldgium	85
BEM	WELL	uél	132
BEM-VINDO(A)	WELCOME	uélkam	132
BENGALA DOCE	CANDY CANE	kéndi kein	135
BERINJELA	EGGPLANT / AUBERGINE	éggplént / oubergin	127
BETERRABA	BEET / BEETROOT	bit / bitrut	127
BIBLIOTECA	LIBRARY	laibréri	75
BICICLETA	BICYCLE / BIKE	baisikêl / baik	17
BIFE / FILÉ	STEAK	steik	40
BIGODE	MUSTACHE / MOUSTACHE	mâstach	83
BISCOITO	BISCUIT	biskit	23
BLOCO / QUADRA / QUARTEIRÃO	BLOCK	blók	20
BLUSA	BLOUSE	blauz	32

Português	Inglês	Pronúncia	Página
BOCA	MOUTH	mauf	21
BOCHECHA	CHEEK	tchik	21
BODE / CABRA	GOAT	gout	11
BOI	OX	óks	11
BÓIA SALVA-VIDAS	LIFEBUOY	láifbói	75
BOLA	BALL	ból	14
BOLACHA	COOKIE	kuki	23
BOLAS DE NATAL	CHRISTMAS BALLS	kristmas bóls	135
BOLETO / CONTA / FATURA	BILL	bil	17
BOLO	CAKE	keik	23
BOLSA / PORTA-MOEDAS	PURSE	pârz	98
BOLSA / SACOLA / SACO	BAG	bég	14
BOLSO	POCKET	póket	97
BONÉ	CAP	kép	26
BONECA	DOLL	dól	41
BONITA	BEAUTIFUL	biutiful	16
BONITA(O)	PRETTY	príti	97
BORRACHA	RUBBER / ERASER	râbâr / ireizâr	104
BOTÃO	BUTTON	bâton	24
BOTA DE NATAL	CHRISTMAS BOOT	kristmas but	135
BOXE	BOXING	bóksin	114
BRAÇO	ARM	arm	12 e 21
BRANCO	WHITE	uâit	34
BRASIL	BRAZIL	brazil	85
BRIGAR / DISCUTIR / DISCORDAR	(TO) QUARREL	tu kuérol	99
BRINCAR / JOGAR / TOCAR	(TO) PLAY	tu plei	96
BRINCO	EARRING	iêrin	43
BRINQUEDO	TOY	tói	123
BRÓCOLIS	BROCCOLI	brókoli	127
BURACO	HOLE	houl	61
BURACO NEGRO	BLACK HOLE	blék houl	20
BÚSSOLA	MAGNETIC COMPASS	magnétik kâmpas	78
BUZINA	HORN / KLAXON	hórn / klákson	17 e 72
C	C	ci	25
CABEÇA	HEAD	héd	21
CABELEIREIRO	HAIRDRESSER	hérdréser	58
CABELO	HAIR	hér	21
CABO	CABLE	keibâl	25
CABRA / BODE	GOAT	gout	11

Português	Inglês	Pronúncia	Página
CACAU	COCOA	koukou	113
CACHECOL	SCARF	scarf	32
CACHORRO / CÃO	DOG	dóg	10
CACHORRO-QUENTE	HOT DOG	hót dóg	77
CADA	EACH	itch	43
CADEIA	JAIL	djeiêl	69
CADEIRA	CHAIR	tchér	63
CAFÉ	COFFEE	kófi	23
CAFÉ DA MANHÃ	BREAKFAST	brékfést	23
CÁGADO / JABUTI / TARTARUGA TERRESTRE	TORTOISE	tórtus	123
CAIR	(TO) FALL	tu fól	46
CAIXA	BOX	bóks	22
CAIXA DE FERRAMENTAS	TOOLKIT	tulkit	122
CALÇA COMPRIDA	TROUSERS / PANTS	trauzârs / pénts	32
CALCANHAR	HEEL	hil	21
CALCINHAS	PANTIES	péntis	32
CALCULADORA	CALCULATOR	kalkuleitor	25
CÁLCULO / CONTA	CALCULATION	kalkuleichân	25
CALENDÁRIO	CALENDAR	kélendar	25
CALHA	RAIN GUTTERS	rein gâters	63
CALMA / SOSSEGO	CALM	kalm	25
CALOR	HEAT	hit	59
CALOTA	HUBCAP	hâbkép	27
CAMA	BED	béd	16
CAMARÃO	SHRIMP	chrimp	109
CÂMBIO	GEARSHIFT	guiârshift	17
CÂMERA / MÁQUINA FOTOGRÁFICA	CAMERA	kémera	26
CAMINHÃO	TRUCK	trâk	124
CAMINHAR	(TO) WALK	tu uólk	129
CAMISA	SHIRT	chêrt	32
CAMISETA	T-SHIRT	ti-chêrt	32 e 119
CAMISETA DE BAIXO	UNDERSHIRT	ândârchârt	32
CAMISOLA	NIGHTDRESS / NIGHTGOWN	naitdrés / nait gaun	32 e 88
CAMPEÃO	CHAMPION	thémpion	29
CAMPO	FIELD	fild	49
CANADÁ	CANADA	kénada	85
CANAL	CHANNEL	tchénol	29
CANÁRIO	CANARY	kenéri	18
CANELA (condimento)	CINNAMON	sinamon	113
CANELA (corpo humano)	SHIN	chin	21
CANETA	PEN	pén	94
CANHÃO	CANNON	kénon	26
CANIL	KENNEL	kénl	71

Português	Inglês	Pronúncia	Página
CANOA	CANOE	kanú	26
CANSADO(A)	TIRED	taierd	122
CANTAR / CANTOR	(TO) SING / SINGER	tu sing / sinhâr	110
CÃO / CACHORRO	DOG	dóg	10
CAPACETE	HELMET	hélmét	60
CAPA DE CHUVA	RAINCOAT	reinkout	32
CAPÔ	HOOD	hud	27
CAPUZ	HOOD	hud	62
CARAMBOLA	STAR FRUIT	star frut	52
CARATÊ	KARATE	karadi	71 e 114
CARNE	MEAT	mit	40
CARNE ASSADA	ROAST BEEF	roust bif	40
CARO / DISPENDIOSO	EXPENSIVE	ikspénsiv	45
CARONEIRO	HITCHHIKER	hitchhâiker	61
CARREGAR	(TO) CARRY	tu kéri	28
CARRINHO	TROLLEY	tróli	124
CARRO	CAR	kar	27
CARROSSEL	CAROUSEL	karosél	27
CARRUAGEM	CARRIAGE	kéridj	27
CARTA	LETTER	léter	75
CARTÃO	CARD	kard	27
CASA	HOUSE	háus	63
CASACO / SOBRETUDO	COAT	kout	32
CASAL / DUPLA / PAR	COUPLE	kapoul	36
CASCA / PELE	PEEL	pil	94
CASTANHA	CHESTNUT	tchésnat	30
CASTELO	CASTEL	késsol	28
CAUDA	TAIL	teil	119
CAVALO	HORSE	hórs	11
CEBOLA	ONION	ánion	127
CEDO / ADIANTADO	EARLY	êrli	43
CEGONHA	STORK	stórk	19
CELEBRAR / COMEMORAR	(TO) CELEBRATE	tu célebrait	28
CELEIRO	BARN	barn	15
CEM	ONE HUNDRED	uân hândrêd	89
CENOURA	CARROT	kérot	127
CENTÍMETRO	CENTIMETER / CENTIMETRE	séntimiter	28
CENTRO / NÚCLEO	CENTER / CENTRE	séntâr	28
CEREAL	CEREAL	síriâl	23
CÉREBRO	BRAIN	brein	22
CEREJA	CHERRY	tchéri	52
CESTO	BASKET	baskét	15
CÉU / PARAÍSO	SKY / HEAVEN	skai / hévén	59 e 110

Português	Inglês	Pronúncia	Página
CHÁ	TEA	ti	23
CHALEIRA	KETTLE	kétel	71
CHAMAR / TELEFONAR	(TO) CALL	tu kól	25
CHAMINÉ	CHIMNEY	tchimni	63
CHÃO	FLOOR / GROUND	flór / graund	49 e 57
CHAVE	KEY	ki	71
CHECAR / VERIFICAR	CHECK	tchék	30
CHEFE / PATRÃO	BOSS	bós	22
CHEIRO / AROMA / ODOR	SMELL	smél	111
CHICLETE / GENGIVA	GUM	gam	57
CHINA	CHINA	tcháina	85
CHOCOLATE	CHOCOLATE	tchókolat	30
CHOCOLATE QUENTE	HOT CHOCOLATE	hót tchókolat	23
CHORAR	(TO) CRY	tu krai	36
CHUTE	KICK	kik	71
CHUVA	RAIN	rein	101
CHUVEIRO	SHOWER	shauer	109
CICLISMO	CYCLING	saiklin	114
CIDADE	CITY / TOWN	citi / táun	31 e 123
CIGANO(A)	GYPSY	djipsi	57
CINCO	FIVE	faiv	89
CINEMA	CINEMA	cinema	31
CINQUENTA	FIFTY	fifti	89
CINTO	BELT	bélt	16 e 32
CINTURA	WAIST	ueist	21 e 129
CIRCO	CIRCUS	sêrkus	31
CÍRCULO	CIRCLE	cêrcl	108
CISNE	SWAN	suan	19
CINZA	GREY / GRAY	grei	34
CLARO / CERTO / EXATO	CERTAIN	sértân	29
CLIPE / GRAMPO	CLIP	klip	31
COALA	KOALA	kouála	10
COBRA	SNAKE	sneik	111
COCO	COCONUT	koukonât	33 e 52
COELHO	RABBIT	rébit	10
COFRE / SEGURO(A)	SAFE	seif	105
COGUMELO	MUSHROOM	mâchrum	127
COLAR	NECKLACE	nékleis	87
COLCHA	QUILT	kuílt	100
COLCHÃO	MATTRESS	métris	79
COLETE	VEST	vest	32
COLHER	SPOON	spun	113
COLINA	HILL	hil	61

Português	Inglês	Pronúncia	Página
COLISÃO / IMPACTO	CRASH	krésh	36
COLÔMBIA	COLOMBIA	kolombia	85
COMER	(TO) EAT	tu it	43
COMIDA / ALIMENTO	FOOD	fud	51
COMO	HOW	hau	64
COMO VAI?	HOW DO YOU DO?	hau du iú du	64
COMO VOCÊ ESTÁ?	HOW ARE YOU?	hau ar iú?	64
COMPETIÇÃO / DISPUTA	COMPETITION	kómpetíshan	34
COMPRAR / FAZER COMPRAS	(TO) SHOP	tu shóp	109
COMPRAR / ADQUIRIR	(TO) BUY	tu bai	24
COMPUTADOR	COMPUTER	kompiuter	34
CONCERTO / SHOW	CONCERT	kônsert	35
CONCHA	SHELL	chél	108
CONHECER / SABER / ENTENDER	(TO) KNOW	tu nou	72
CONTAR	(TO) COUNT	tu káunt	35
CONTAR / DIZER / INFORMAR	(TO) TELL	tu tél	120
CONTENTE	GLAD	gléd	55
CONTRA / EM OPOSIÇÃO A	AGAINST	aguénst	08
CONTRABAIXO	BASS	beis	83
CONTROLE DE VIDEOGAME	JOYSTICK	djóistik	70
CONSTRUIR	(TO) BUILD	tu bild	24
CONTA / FATURA / BOLETO	BILL	bil	17
CONTUDO / PORÉM / TODAVIA / ENTRETANTO	HOWEVER	hauéver	64
CONVERSA	CONVERSATION	kónvârseichân	35
CONVITE	INVITE	inváit	68
COPIAR	(TO) COPY	tu kópi	35
CORAÇÃO	HEART	hart	59
CORAR / ENVERGONHAR-SE	(TO) BLUSH	tu blâsh	20
CORDA	ROPE	roup	104
CORDEIRO	LAMB	lémb	40
COREIA DO SUL	SOUTH KOREA	sóuth koria	86
CORES	COLORS	kólors	34
CORPO	BODY	bódi	21
CORREIO / CORRESPONDÊNCIA	MAIL	meiêl	78
CORRENTE / ALGEMA	CHAIN	tchein	17 e 29
CORRER	(TO) RUN	tu rân	104
CORRESPONDÊNCIA / CORREIO	MAIL	meiêl	78
CORRIDA	RACE	reis	101
CORRIDA	JOGGING / RUNNING	djóguin / rânin	70 e 115
CORTAR	(TO) CUT	tu kât	36
CORUJA	OWL	aul	19
CORVO / GRALHA	CROW	krou	18
COTOVELO	ELBOW	élbou	21

Português	Inglês	Pronúncia	Página
COXA	THIGH	tai	21
COZINHA	KITCHEN	kitchen	63
COZINHAR	(TO) COOK	tu kuk	35
CRAVO (flor)	CARNATION	karneichân	50
CRAVO-DA-ÍNDIA	CLOVE	klouv	113
CREME DENTAL / ESCOVA DE DENTE	TOOTHPASTE / TOOTHBRUSH	tufpeist / tufbrâsh	123
CRIANÇA / CRIANÇAS	KID / CHILD / CHILDREN	kid / tchaild / tchildren	30, 47 e 72
CRIAR / FAZER / CONSTRUIR / FABRICAR	(TO) MAKE	tu meik	79
CRUZAMENTO	CROSSING	króssing	36
CUBA	CUBA	kiuba	85
CUECAS	UNDERPANTS	ânderpénts	32
CUNHADA	SISTER-IN-LAW	sister in ló	47
CUNHADO	BROTHER-IN-LAW	bróder in ló	47
CURTO / BAIXO / PEQUENO	SHORT	shórt	109

D

Português	Inglês	Pronúncia	Página
D	D	di	37
DAMA / SENHORA	LADY	leidi	73
DAMASCO	APRICOT	eprikót	52
DANÇAR	(TO) DANCE	tu déns	37
DAR	(TO) GIVE	tu guiv	54
DATA	DATE	deit	37
DATA DE NASCIMENTO / ANIVERSÁRIO	BIRTHDAY	bârfdei	20
DE	FROM / OF	from / óf	51 e 91
DECIDIR	(TO) DECIDE	tu disaid	39
DEDO	FINGER	finguer	21
DEDO DO PÉ	TOE	tou	21
DENTES	TEETH	tif	120
DENTISTA	DENTIST	déntist	39
DENTRO / EM	IN / INSIDE	in / insaid	66 e 67
DEPOIS / APÓS	AFTER	éfter	08
DESAGRADÁVEL / RUIM / NOJENTO	NASTY	nésti	84
DESCER	(TO) GET DOWN	tu gét daun	54
DESCER (de algum lugar)	(TO) GO DOWN	tu gou daun	55
DESCER / DESEMBARCAR	(TO) GET OFF	tu gét óf	54
DESCULPE / PERDÃO / SINTO MUITO	SORRY	sóri	112
DESENHO	DRAWING	dróin	42
DESENHO ANIMADO	CARTOON	kartun	28
DESERTO	DESERT	dézert	39
DESLIGADO / LIGADO	OFF / ON	óf / ón	91
DESPERTADOR	ALARM CLOCK	alarm klók	09

Português	Inglês	Pronúncia	Página
DETETIVE	DETECTIVE	ditéktiv	39
DEUS	GOD	gód	56
DEVAGAR / LENTO	SLOW	slou	111
DEZ	TEN	tén	89
DEZEMBRO	DECEMBER	disêmbêr	81
DIA	DAY	dei	38
DIA DOS NAMORADOS	VALENTINE'S DAY	veléntains dei	126
DIARIAMENTE / DIÁRIO / COTIDIANO	DAILY	deili	37
DIÁRIO / AGENDA	DIARY	daiari	39
DICIONÁRIO	DICTIONARY	dikshonéri	39
DINAMARCA	DENMARK	dénmark	85
DINHEIRO	CASH / MONEY	késh / mâni	28 e 80
DINOSSAURO	DINOSAUR	dainosór	11 e 41
DIRETOR	DIRECTOR	dairektor	41
DIRIGIR	(TO) DRIVE	tu draiv	42
DIRIGÍVEL ZEPELIM	ZEPPELIN AIRSHIP	zépelin érchip	137
DISCUTIR / DISCORDAR / BRIGAR	(TO) QUARREL	tu kuérol	99
DIZER / FALAR / AFIRMAR	(TO) SAY	tu sei	106
DOCE / BALA	CANDY	kéndi	26
DOCE / DOÇURA	SWEET	suit	118
DOENTE	ILL / SICK	il / sik	66 a 109
DOIS	TWO	tú	89
DOMINGO	SUNDAY	sandei	131
DOR DE CABEÇA	HEADACHE	hédeik	59
DORMIR	(TO) SLEEP	tu slip	110
DORMITÓRIO / QUARTO	BEDROOM	bédrum	16 e 63
DROMEDÁRIO	DROMEDARY	drómedéri	11
DURO	HARD	hard	58
E	E / AND	i / énd	09 e 43
EFEITO	EFFECT	ifékt	44
EGITO	EGYPT	idgipt	85
EI	HEY	hei	60
ELEFANTE	ELEPHANT	élefant	10
ELEGANTE	ELEGANT	élegant	44
ELETRICIDADE	ELECTRICITY	eléktrisiti	44
ELEVADOR	LIFT / ELEVATOR	lift / eleveitor	75
EM / NO(S) / NA(S)	AT	ét	13
EM / DENTRO	IN	in	66
EM FRENTE DE	IN FRONT OF	in front óv	66

Português	Inglês	Pronúncia	Página
EMBAIXO / ABAIXO / POR BAIXO	BELOW	bilow	16
EMBAIXO / NO FUNDO / PARTE INFERIOR	BOTTON	bótom	22
EMBRULHO / EMBALAGEM	WRAP	rép	134
EMPURRAR / PUXAR	(TO) PUSH / (TO) PULL	tu pâsh / tu pul	98
ENDEREÇO	ADDRESS	adrés	07
ENSOPADO / GUISADO	STEW	stu	40
ENTENDER / COMPREENDER	(TO) UNDERSTAND	tu andersténd	125
ENTRADA	ENTRANCE	éntrãns	45
ENTRAR	(TO) GET IN / (TO) GO IN	tu gét in / tu gou in	54 e 55
ENTRE / NO MEIO DE	BETWEEN	bituin	17
ENTREVISTA	INTERVIEW	interviu	68
ENVIAR / REMETER / MANDAR	MAIL / (TO) SEND	meiêl / tu sénd	78 e 107
EQUILÍBRIO	BALANCE	bélunz	14
EQUIPE	TEAM	tim	120
EQUITAÇÃO / HIPISMO	HORSE RIDING	hórs raidin	114
ERVILHAS	PEAS	piiz	127
ESCADA	STAIRS	stérs	116
ESCADA CARACOL	SPIRAL STAIRCASE	spairol stérkeis	63
ESCADA DE MÃO	LADDER	lader	73
ESCADARIA	STAIRCASE / STAIRWAY	stéirkeis / stéiruei	63
ESCARAVELHO	SCARAB	skérab	106
ESCOLA	SCHOOL	skul	106
ESCOLHA / OPÇÃO	CHOICE	tchóis	30
ESCONDER / OCULTAR	(TO) HIDE	tu haid	60
ESCORREGAR	(TO) SLIDE	tu slaid	111
ESCOVA	BRUSH	brâsh	24
ESCOVA DE CABELO	HAIRBRUSH	hérbrâsh	58
ESCREVER	(TO) WRITE	tu rait	134
ESCRITÓRIO	OFFICE	ófis	91
ESCRIVANINHA	DESK	désk	39
ESCULTOR	SCULPTOR	skâlpter	106
ESCURO	DARK	dark	37
ESCUTAR / PRESTAR ATENÇÃO	(TO) LISTEN	tu listen	76
ESGRIMA	FENCING	fénsin	114
ESGUICHO / RESPINGO	SPLASH	splésh	113
ESPAGUETE	SPAGHETTI	spaguéti	40
ESPANHA	SPAIN	spein	86
ESPELHO	MIRROR	miror	80
ESPELHO EXTERNO (retrovisor de carro)	SIDE MIRROR	said miror	27
ESPERAR / AGUARDAR	(TO) WAIT	tu ueit	129
ESPERTO(A) / INTELIGENTE	SMART	smart	111
ESPINHO	THORN	tórn	121
ESPIRRAR	SNEEZE	sniz	111

Português	Inglês	Pronúncia	Página
ESPONJA	SPONGE	spândj	113
ESPORTES	SPORTS	spórts	114
ESPOSA	WIFE	uáif	47 e 133
ESQUECER	(TO) FORGET	tu forguét	51
ESQUELETO	SKELETON	skéleton	110
ESQUERDA	LEFT	léft	74
ESQUI	SKI	ski	115
ESQUI AQUÁTICO	WATER SKIING	uóter skiin	115
ESQUILO	SQUIRREL	squirêl	11
ESQUISITO	ODD	ód	91
ESTAÇÃO / PONTO DE PARADA	STATION	steischân	116
ESTAÇÕES DO ANO	SEASONS	sizons	107
ESTADOS UNIDOS	U.S.A. / UNITED STATES	iuései / iunaited steits	86
ESTANTE	RACK	rak	63
ESTAR / SER	(TO) BE	tu bí	15
ESTE / ISTO / ESTA / ESSE / ISSO / ESSA	THIS (singular)	dis	121
ESTES(AS) / ESSES(AS)	THESE (plural)	dizz	121
ESTEPE	SPAREWHEEL	spér uíl	27
ESTRADA	ROAD	roud	103
ESTREITO / APERTADO	NARROW	nérou	84
ESTRELA	STAR	star	116
ESTRELA DO ROCK	ROCKSTAR	rók star	103
ESTROGONOFE	STROGANOFF	strógonóf	40
ESTUDANTE / ALUNO	STUDENT	stiúdent	117
ESTUDAR	(TO) STUDY	tu stâdi	117
ESTÚDIO DE ARTE	ART STUDIO	art stúdiou	63
EXAME / PROVA	EXAM / EXAMINATION	igzém / igzémineichân	45
EXERCÍCIO	EXERCISE	éksersaiz	45
EXPLORADOR	EXPLORER	eksplórer	45
F	F	éf	46
FÁBULA	FABLE	feibol	46
FÁBRICA	FACTORY	féktori	46
FACA	KNIFE	naif	72
FACE / ROSTO	FACE	feis	46
FÁCIL	EASY	izi	43
FACULDADE / UNIVERSIDADE	COLLEGE	kóledj	33
FADA	FAIRY	féri	46
FALAR / CONVERSAR	(TO) SPEAK	tu spik	112
FALCÃO	HAWK	hók	18

Português	Inglês	Pronúncia	Página
FAMÍLIA	FAMILY	fémili	47
FAMINTO	HUNGRY	hângri	64
FAMOSO	FAMOUS	feimous	48
FANTASMA	GHOST	goust	53
FAROL	LIGHTHOUSE	lait háus	75
FAROL (carro)	HEAD LIGHT	héd lait	27
FAVORITO	FAVORITE / FAVOURITE	feivorit	48
FAZENDA / GRANJA / ESTÂNCIA	FARM / RANCH	farm / rénch	48 e 102
FAZER COMPRAS / COMPRAR	(TO) SHOP	tu shóp	109
FAZER / CRIAR / CONSTRUIR / FABRICAR	(TO) MAKE	tu meik	79
FAZER / REALIZAR / EXECUTAR	(TO) DO	tu du	41
FEIJÕES	BEANS	bins	127
FELIZ	HAPPY	hépi	58
FERIADO / FÉRIAS	HOLIDAY	hólidei	62
FÉRIAS	VACATION	veikeishên	126
FERROVIA	RAILROAD / RAILWAY	reilroud / reiluei	101
FESTA	PARTY	pârti	93
FEVEREIRO	FEBRUARY	fébruéri	81
FIGURA / FOTOGRAFIA / DESENHO / QUADRO	PICTURE	pikchâr	95
FILA	QUEUE	kiu	100
FILHA	DAUGHTER	dóter	47
FILHO	SON	san	47
FILIPINAS	PHILIPPINES	filipinz	86
FILME	FILM	film	49
FIM	FINISH	finish	49
FIM / FINAL	END	end	44
FINLÂNDIA	FINLAND	finland	85
FINO / MAGRO / ESBELTO / ESTREITO	THIN	fin	121
FIO / LINHA	THREAD	thréd	122
FIO (de lã, de algodão)	YARN	iárn	136
FLAMINGO	FLAMINGO	flamingou	18
FLAUTA	FLUTE	flut	83
FLECHA	ARROW	érou	12
FLORES	FLOWERS	flauêrs	50
FLORESTA	FOREST	fôrest	51
FOGO / INCÊNDIO	FIRE	faiêr	49
FOLHA	LEAF	lif	74
FORA	OUT	aut	92
FORÇA	FORCE	fôrz	50
FORMAS	SHAPES	sheips	108
FORNO	OVEN	óven	92
FORTE	STRONG	strong	117
FÓSFORO	MATCH	métch	79

Português	Inglês	Pronúncia	Página
FOTOGRAFIA / FIGURA / DESENHO / QUADRO	PICTURE	pikchâr	95
FOTÓGRAFO	PHOTOGRAPHER	fotógrafer	95
FRAMBOESA	RASPBERRY	réspbéri	102
FRANÇA	FRANCE	fréns	85
FRANGO ASSADO	ROAST CHICKEN	roust tchiken	40
FRANGO / GALINHA	CHICKEN	tchiken	18
FREIO	BRAKE	breik	17
FRIO	COLD	kold	33
FRUTAS	FRUITS	fruts	52
FURACÃO	HURRICANE	hârikein	64
FURGÃO	VAN	vén	126
FUTEBOL	SOCCER	sóker	115
FUTEBOL AMERICANO	FOOTBALL	futból	114

Português	Inglês	Pronúncia	Página
G	G	dji	53
GAITA DE BOCA	HARMONICA	harmónika	83
GAIVOTA	GULL / SEAGULL	gâl / sigâl	19 e 57
GALINHA / FRANGO	CHICKEN	tchiken	18
GALO	ROOSTER / COCK	ruster / kók	19
GANCHO	HOOK	huk	62
GANHAR / RECEBER / OBTER	(TO) GET	tu gét	54
GARAGEM	GARAGE	garadj	53 e 63
GARÇA	HERON	héron	18
GARÇONETE	WAITRESS	ueitres	129
GARDÊNIA	GARDENIA	gardínia	50
GARFO	FORK	fórk	51
GARRAFA	BOTTLE	bótêl	22
GATO	CAT	két	10
GELATINA	JELLY	djéli	69
GELEIA	JAM	djém	23
GELO	ICE	ais	65
GENGIVA / CHICLETE	GUM	gam	57
GERÂNIO	GERANIUM	dgerénium	50
GIGANTE	GIANT	djaiânt	54
GINÁSTICA	GYMNASTICS	djimnéstiks	114
GIRAFA	GIRAFFE	girâf	10
GIRASSOL	SUNFLOWER	sânflauêr	50
GIZ	CHALK	tchók	29
GLOBO	GLOBE	gloub	55
GOIABA	GUAVA	guava	52

Português	Inglês	Pronúncia	Página
GOL / ALVO / OBJETIVO	GOAL	goul	56
GOLFE	GOLF	gólf	114
GOLFINHO	DOLPHIN	dôlfin	41
GORDO / OBESO	FAT	fét	48
GORILA	GORILLA	gorila	10
GOSTAR	(TO) LIKE	tu laik	75
GOTA / PINGO	DROP	dróp	42
GRALHA / CORVO	CROW	krou	18
GRAMA / CAPIM	GRASS	grâs	56
GRANDE	BIG	big	17
GRÃOS	GRAINS	greinz	56
GRAVATA	NECKTIE	néktai	32
GRAVIDADE	GRAVITY	gréviti	56
GRÉCIA	GREECE	gris	85
GRINALDA / GUIRLANDA	WREAT / GARLAND	rit / gárlénd	135
GRIPE	FLU	flu	50
GRUPO	GROUP	grup	57
GUARDA	GUARD	gard	57
GUARDANAPO	NAPKIN	népkin	84
GUARDA-CHUVA	UMBRELLA	âmbréla	125
GUARDA-ROUPA	CLOSET	klózet	63
GUARDAR / TOMAR CONTA / PROTEGER	(TO) KEEP	tu kip	71
GUERRA	WAR	uór	130
GUIDÃO	HANDLEBAR	héndâlbar	17
GUITARRA	ELECTRIC GUITAR	eléktrik guitar	83
H	H	eitch	58
HALTEROFILISMO	WEIGHT LIFTING	ueit liftin	115
HAMBÚRGUER	HAMBURGER	hémbârgâr	77
HARPA	HARP	harp	83
HELICÓPTERO	HELICOPTER	hélikóptâr	60
HERA	IVY	áivi	68
HERÓI	HERO	hirou	60
HEXÁGONO	HEXAGON	héksagon	108
HIBISCO	HIBISCUS	hibiscus	50
HIENA	HYENA	haiína	11
HIPOPÓTAMO	HIPOPPOTAMUS / HIPPO	hipoupótamus / hipou	10
HISTÓRIA	HISTORY	hístori	61
HOJE	TODAY	tudei	122
HOMEM	MAN	mén	79

Português	Inglês	Pronúncia	Página
HÓQUEI	HOCKEY	hóki	114
HORA	HOUR	auêr	62
HÓSPEDE	GUEST	guést	57

I

Português	Inglês	Pronúncia	Página
I	I	ai	65
IATE	YACHT	iát	136
IATISMO	SAILING	seilin	114
ICEBERG	ICEBERG	aisbérg	65
IDADE	AGE	eidg	08
IDEIA	IDEA	aidia	65
IDÊNTICO / IGUAL	SAME	seim	105
IGLU	IGLOO	iglu	65
IGREJA	CHURCH	tchârtch	31
IGUAL / IDÊNTICO	EQUAL / SAME	ikual / seim	45 e 105
ILHA	ISLAND	ailênd	68
ÍMÃ	MAGNET	mágnet	78
IMAGEM	IMAGE	ímidg	66
IMPACTO	IMPACT	ímpakt	66
IMPORTANTE	IMPORTANT	impórtant	66
INCÊNDIO / FOGO	FIRE	faiêr	49
ÍNDIA	INDIA	índia	85
INDICADOR	INDICATOR	indikeiter	27
ÍNDIO	INDIAN	índian	66
INDÚSTRIA	INDUSTRY	índâstri	67
INFORMAÇÃO	INFORMATION	informeishân	67
INGLATERRA	ENGLAND	ingland	85
INSETO	INSECT	ínsekt	67
INSTRUMENTOS MUSICAIS	MUSICAL INSTRUMENTS	miuzikal instruments	83
INTELIGENTE / ESPERTO	INTELLIGENT / SMART	intéligent / smart	67 e 111
INTERVALO / RECREIO	BREAK	breik	23
INVENTOR	INVENTOR	invéntor	67
INVERNO	WINTER	uintêr	107
INVISÍVEL	INVISIBLE	invísebol	68
IOGURTE	YOGURT / YOGHURT	iógurt	23 e 136
IR	(TO) GO	tu gou	55
IRLANDA	IRELAND	airland	85
IRMÃ	SISTER	sister	47
IRMÃO	BROTHER	bróder	47
ISRAEL	ISRAEL	izreil	85
ITÁLIA	ITALY	ítali	68 e 85

Português	Inglês	Pronúncia	Página
J			
J	J	djei	69
JABUTI / CÁGADO / TARTARUGA TERRESTRE	TORTOISE	tôrtus	123
JAGUAR / ONÇA-PINTADA	JAGUAR	djáguar	11
JANEIRO	JANUARY	djéniuéri	81
JANELA	WINDOW	uindou	27 e 63
JANTAR	DINNER	dinâr	40
JAPÃO	JAPAN	djapén	85
JAQUETA / PALETÓ	JACKET	djéket	32
JARDIM	GARDEN	garden	53
JATO	JET	jét	69
JEANS	JEANS	djínz	32
JOANINHA	LADYBUG / LADYBIRD	leidibâg / leidibârd	73
JOELHO	KNEE	ni	21
JOGAR / BRINCAR / TOCAR	(TO) PLAY	tu plei	96
JOGO	GAME	gueim	53
JOIA	JEWEL	djuêl	69
JÓQUEI	JOCKEY	djóki	69
JORNADA / VIAGEM	JOURNEY	djârni	70
JORNAL	NEWSPAPER	niuspeipâr	87
JORNALISTA	JOURNALIST	djornalist	70
JOVEM	YOUNG	iang	136
JULHO	JULY	djulai	81
JUNHO	JUNE	djun	81
JUNTOS	TOGETHER	tuguédâr	122
K			
K	K	kei	71
KIWI	KIWI FRUIT	kiuí frut	52
L			
L	L	él	73
LÃ	WOOL	wúl	134
LÁ / ALI / AÍ	THERE	dér	121
LÁBIOS	LIPS	lips	21 e 76
LABIRINTO	LABYRINTH	lábirint	73
LABORATÓRIO	LABORATORY	labóratri	73

Português	Inglês	Pronúncia	Página
LAGARTA	CATERPILLAR	kéterpilar	28
LAGO	LAKE	leik	73
LÁGRIMA	TEAR	tíar	120
LÂMPADA / LUMINÁRIA	LAMP / ELECTRIC BULB	lémp / eléktrik bâlb	44 e 73
LAMPARINA / LAMPIÃO	LANTERN	lantérn	74
LANÇAR / ARREMESSAR / JOGAR	(TO) THROW	tu throu	122
LÁPIS	PENCIL	pénsil	94
LAR (CASA)	HOME	houm	62
LARANJA	ORANGE	órendj	34 e 52
LAREIRA	FIREPLACE	fâierpleis	63
LASANHA	LASAGNA / LAZAGNE	lazénha / lazénhe	40
LAVADORA DE ROUPAS	WASHING MACHINE	uóshin mashin	63
LAVAGEM / BANHO	WASH	uósh	130
LAVANDERIA	LAUNDRY ROOM	lóndri rum	63
LEÃO	LION	lâion	11
LEBRE	HARE	hér	11
LEITE	MILK	milk	23
LER	(TO) READ	tu rid	102
LEVANTAR-SE	(TO) GET UP	tu gét ap	54
LEVE / LUZ	LIGHT	lait	75
LÍBANO	LEBANON	lébanon	85
LIÇÃO	LESSON	léssân	74
LIÇÃO DE CASA	HOMEWORK	houm-uork	62
LIGADO / DESLIGADO	ON / OFF	ón / óf	91
LIMÃO	LEMON	lémân	52
LIMPADOR	WIPER	UAIPER	27
LINGOTE / BARRA / BLOCO	INGOT	íngót	67
LÍNGUA	TONGUE	tóng	21
LÍRIO	LILY	líli	50
LIVRO	BOOK	buk	22
LIVRO DE EXERCÍCIOS	EXERCISE BOOK	éksersaiz buk	45
LIXO	GARBAGE	garbedj	53
LOBO	WOLF	uolf	11
LOIRA / LOIRO	BLOND / BLONDE	blónd	20
LONGE	FAR	far	48
LONGO	LONG	lóng	76
LOSÂNGO	DIAMOND	dáiamond	108
LOUCO / MALUCO	MAD	méd	78
LUA	MOON	mun	82
LUMINÁRIA / LÂMPADA	ELECTRIC BULB / LAMP	eléktrik bâlb / lémp	73
LUPA / LENTE DE AUMENTO	MAGNIFIER	mégnifâiar	78
LUZ / FAROL / LEVE	LIGHT	lait	17 e 75
LUZ TRASEIRA	TAIL LIGHT	teil lait	27

Português	Inglês	Pronúncia	Página
M	M	em	78
MACACÃO	OVERALLS	ouveróls	32
MACACO	MONKEY	mânki	10
MAÇÃ	APPLE	épâl	52
MAÇANETA	HANDLE	héndâl	27
MACARRONADA / PRATO DE MASSAS	PASTA	pasta	77
MACHUCADO	HURT	hârt	64
MACIO / SUAVE	SOFT	sóft	112
MADEIRA	WOOD	wúd	134
MÃE	MOTHER	móder	47
MÁGICO	MAGICIAN	madjichân	78
MAIO	MAY	mei	81
MALA DE VIAGEM	SUITCASE	suitkeis	117
MALÁSIA	MALAYSIA	maleigia	86
MAMÃO	PAPAYA	papaia	52
MANGA	MANGO	mango	52
MANHÃ	MORNING	mórnin	38
MANJERICÃO	BASIL	beisol	113
MANTEIGA	BUTTER	bâter	23
MÃO	HAND	hénd	21
MAPA	MAP	mép	79
MÁQUINA FOTOGRÁFICA / CÂMERA	CAMERA	kémera	26
MAR	SEA	si	106
MARACUJÁ	PASSION FRUIT	péshân frut	52
MARÇO	MARCH	martch	81
MARFIM	IVORY	áivori	68
MARGARIDA	DAISY	deizi	50
MARIDO	HUSBAND	hâzband	47
MARROM	BROWN	braun	34
MARTELO	HAMMER	hémer	58
MAS	BUT	bat	24
MÁSCARA	MASK	mésk	79
MAU	BAD	béd	14
MECÂNICO	MECHANIC	mekénic	80
MÉDICO / DOUTOR	DOCTOR	dóktor	41
MÉDIO / MEIO (CENTRO)	MIDDLE	mídol	80
MEDO	FEAR	fíâr	48
MEIA-NOITE	MIDNIGHT	midnait	38
MEIO-DIA	NOON / MIDDAY	nun / midei	38

Português	Inglês	Pronúncia	Página
MEL	HONEY	hânei	23
MELANCIA	WATERMELON	uótermélân	52
MELÃO	MELON	mélân	52
MENINA	GIRL	gârl	54
MENINO / RAPAZ	BOY	bói	22
MENSAGEM	MESSAGE	méssadj	80
MERCADO / FEIRA (de produtos)	MARKET	market	79
MERGULHO	DIP / SCUBA DIVING	dip / scuba daivin	41 e 115
MESA	TABLE	teibâl	119
MESES	MONTHS	mânfs	81
METADE	HALF	háf	58
MÉXICO	MEXICO	méksikou	86
MIL	ONE THOUSAND	uân táuzend	89
MILHO	CORN	kórn	127
MISTURAR	(TO) MIX	tu miks	80
MOEDA	COIN	kóin	33
MONSTRO	MONSTER	manster	82
MONTANHA	MOUNTAIN	mautein	82
MORANGO	STRAWBERRY	stróbéri	52
MOTOCICLETA	MOTORBIKE / MOTORCYCLE	moutorbaik / moutorsikêl	82
MOTOR	ENGINE	endjin	44
MOVER	(TO) MOVE	tu muv	82
MUDAR / TROCAR / ALTERAR	(TO) CHANGE	tu tcheindj	29
MUITO	MUCH / VERY	mâtch / véri	82 e 128
MUITOS / MUITAS	MANY	méni	79
MULHER	WOMAN	wúman	133
MUNDO	WORLD	uorld	134
MURO	WALL	uól	129
MUSEU	MUSEUM	miuziâm	82
MÚSICO / MUSICISTA	MUSICIAN	miuzichân	82

N	N	en	84
NAÇÃO / PAÍS	NATION	neichân	84
NAÇÕES	NATIONS	neichânz	85
NADA	NOTHING	nófin	88
NADAR	(TO) SWIM	tu suím	118
NÃO	NO	nou	88
NAQUELA	THAT	dét	121
NARCISO	NARCISSUS	narcissus	50
NARIZ	NOSE	nouz	21

Português	Inglês	Pronúncia	Página
NA(S) / NO(S) / EM	AT	ét	13
NASCER DO SOL / AMANHECER	SUNRISE	sanraiz	38
NASCER DO SOL / PÔR DO SOL	SUNRISE / SUNSET	sanraiz / sansét	117
NATAÇÃO	SWIMMING	suímin	115
NATAL	CHRISTMAS / XMAS	kristmas	31 e 135
NATIVO	NATIVE	neitiv	84
NAVIO	SHIP	chip	108
NEBLINA	FOG	fôg	50
NETOS(AS)	GRANDCHILDREN	grantchildren	47
NEVE	SNOW	snou	111
NIGÉRIA	NIGERIA	naigéria	86
NINGUÉM	NOBODY	noubódi	88
NINHO	NEST	nést	87
NOITE	NIGHT	nait	38 e 88
NOIVA	BRIDE	braid	23
NOME	NAME	neim	84
NO MEIO DE	BETWEEN	bituín	17
NO(S) / NA(S) / EM	AT	ét	13
NORTE	NORTH	nórth	88
NORUEGA	NORWAY	nóruei	86
NÓS	WE	uí	130
NOTAS MUSICAIS	MUSIC NOTES	miuzik nouts	83
NOVA ZELÂNDIA	NEW ZEALAND	niú zilênd	86
NOVE	NINE	náin	89
NOVEMBRO	NOVEMBER	novêmbêr	81
NOVENTA	NINETY	náinti	89
NOVO	NEW	niu	87
NOZ-MOSCADA	NUTMEG	nâtmég	113
NÚMEROS	NUMBERS	nâmbêrs	89
NUNCA	NEVER	néver	87
NUVEM	CLOUD	klaud	33
O	O	ou	90
O(S) / A(S)	THE	de / di	121
OÁSIS	OASIS	oueisis	90
OBEDECER	(TO) OBEY	tu obei	90
OBESO / GORDO	OBESE	oubis	90
OBJETO	OBJECT	óbjeckt	90
OBRIGADO(A)	THANK YOU / THANKS	ténk iú / ténks	120
OBSTÁCULO	OBSTACLE	óbstacol	90
OBTER / RECEBER / GANHAR	(TO) GET	tu gét	54

Português	Inglês	Pronúncia	Página
OCEANO	OCEAN	ouchan	90
ÓCULOS	GLASSES	gléces	55
ÓCULOS DE SOL	SUNGLASSES	sângléces	118
OCULTAR / ESCONDER	(TO) HIDE	tu haid	60
OESTE	WEST	uést	132
OITENTA	EIGHTY	eiti	89
OITO	EIGHT	êit	89
OLÁ	HELLO	hélou	60
OLHAR / OBSERVAR	(TO) LOOK	tu luk	76
OLHO	EYE	ai	21
OMBRO	SHOULDER	chouder	21
ONÇA-PINTADA / JAGUAR	JAGUAR	djáguar	11
ONDE	WHERE	uér	132
ÔNIBUS	BUS	bâs	24
ONTEM	YESTERDAY	iésterdei	136
OPÇÃO / ESCOLHA	CHOICE	tchóis	30
OPOSTO	OPPOSITE	ópozit	92
ORÉGANO	OREGANO	oréganou	113
ORELHA	EAR	iêr	21
ORQUÍDEA	ORCHID	órkid	50
OSSO	BONE	bon	22
OSTRA	OYSTER	óister	92
ÓTIMO / NOTÁVEL / INCRÍVEL / EXCELENTE / GRANDE	GREAT	greit	56
OU	OR	ór	92
OURO	GOLD	gould	56
OUTONO	AUTUMN / FALL	autum / fôl	107
OUTUBRO	OCTOBER	oktôber	81
OUVIR / ESCUTAR / PRESTAR ATENÇÃO	(TO) HEAR / (TO) LISTEN	tu hiâr / tu listen	59 e 76
OVAL	OVAL	ôval	108
OVELHA	SHEEP	chip	10
OVO	EGG	ég	23
P	P	pi	93
PACIENTE	PATIENT	peichânt	94
PADEIRO	BAKER	beikâr	14
PÁGINA	PAGE	peidj	93
PAI	FATHER	fâder	47
PAIS	PARENTS	pérents	47
PAÍS	COUNTRY	kantri	35
PAISAGEM	LANDSCAPE	léndskeip	74

Português	Inglês	Pronúncia	Página
PAÍSES BAIXOS / HOLANDA	NETHERLANDS	nédérlénz	86
PALÁCIO	PALACE	pálas	93
PALAVRA	WORD	uord	134
PALETÓ / JAQUETA	JACKET	djéket	32
PALHAÇO	CLOWN	klaun	33
PALMEIRA	PALM TREE	palm tri	93
PANDA	PANDA	pénda	10
PANELA / CAÇAROLA	POT	pót	97
PANQUECA	PANCAKE	pénkeik	23
PANTURRILHA	CALF	kaf	21
PÃO	BREAD	bréd	23
PAPAGAIO	PARROT	perrót	19
PAPAI	DAD	déd	37
PAPAI NOEL	FATHER CHRISTMAS / SANTA CLAUS	fâder kristmas / sénta klóz	48 e 135
PAPEL	PAPER	peipâr	93
PAPOULA	POPPY	pópi	50
PARABÉNS / CONGRATULAÇÕES	CONGRATULATION	kângrétiuleichânz	35
PARA-BRISA	WINDSHIELD	uindshield	27
PARA-CHOQUE	BUMPER	bâmper	27
PARA CIMA	UP	âp	125
PARAFUSO	SCREW	skru	106
PARAGUAI	PARAGUAY	páraguai	86
PARA-LAMA	FENDER	fénder	17
PARAQUEDAS	PARACHUTE	pérachut	93
PARAQUEDISMO	PARACHUTING	parachuting	115
PARALELOGRAMO	PARALLELOGRAM	páralélogrém	108
PARDAL	SPARROW	spérou	19
PARE	STOP	stóp	116
PARQUE	PARK	park	93
PARTIDA / COMPETIÇÃO / FÓSFORO	MATCH	métch	79
PÁSSARO / AVE	BIRD	bârd	18
PATINAÇÃO NO GELO	ICE SKATING	ais skeitin	114
PATO	DUCK	dâk	18
PATRÃO / CHEFE	BOSS	bós	22
PAVÃO	PEACOCK	pikók	19
PAZ	PEACE	pís	94
PÉ	FOOT	fut	21
PEDAL	PEDAL	pedl	17
PEDRA / ROCHA	STONE	stoun	116
PEGAR / LEVAR	(TO) TAKE	tu teik	119
PEITO / TÓRAX	CHEST	tchést	21
PEIXE	FISH	fish	40
PELE	SKIN	skin	110

Português	Inglês	Pronúncia	Página
PENA	QUILL	kuil	100
PENSAR / REFLETIR	(TO) THINK	tu fink	121
PENTÁGONO	PENTAGON	péntagon	108
PENTE	COMB	komb	34
PEPINO	CUCUMBER	kiukâmbâr	127
PEQUENO	SMALL	smól	111
PEQUENO(A) / POUCO(A)	LITTLE	litâl	76
PERA	PEAR	pér	52
PERDÃO / DESCULPE / SINTO MUITO	SORRY	sóri	112
PERDIDO	LOST	lóst	76
PERFUME	PERFUME	pêrfium	94
PERGUNTA / QUESTÃO	QUESTION	kuéstion	100
PERGUNTAR	(TO) ASK	tu ésk	13
PERIGO	DANGER	deindjâr	37
PERÍODOS DO DIA	PERIODS OF THE DAY	piurids ov di dei	38
PERIQUITO	PARAKEET	pérékit	19
PERNA	LEG	lég	21
PÉROLA	PEARL	pârl	94
PERTO	NEAR	niâr	87
PERTO DE / AO LADO DE	BESIDE	bisaid	17
PERU (país)	PERU	perú	86
PERU (ave)	TURKEY	târki	19
PESADO	HEAVY	hévi	59
PESCOÇO	NECK	nék	21
PÊSSEGO	PEACH	pítch	52
PESSOAS / POVO	PEOPLE	pipâl	94
PETRÓLEO	PETROLEUM	petrouliam	95
PIANO	PIANO	pianou	83
PICA-PAU	WOODPECKER	uodpéker	19
PIJAMA	PYJAMAS / PAJAMAS	paidjâmas	32
PILOTO	PILOT	pailot	96
PÍLULA	PILL	pil	95
PIMENTA	PEPPER	péper	113
PIMENTÃO	BELL PEPPER	bél péper	127
PINGO / GOTA	DROP	dróp	42
PINGUIM	PENGUIN	penguin	19
PIPA	KITE	káit	72
PIRÂMIDE	PYRAMID	piremid	98
PIRATA	PIRATE	pairet	96
PIRULITO	LOLLIPOP	lólipap	76
PISCINA	SWIMMING POOL	suímin pul	118
PIZZA	PIZZA	pitzá	77
PLACA / SINAL	SIGN	sain	109

Português	Inglês	Pronúncia	Página
PLANETA	PLANET	plénit	96
PLANTA	PLANT	plént	96
PLÁSTICO	PLASTIC	pléstik	96
PNEU	TIRE	taier	17, 27 e 124
POBRE	POOR	pur	97
PODER / SER CAPAZ DE	CAN	kén	26
POLEGADA	INCH	intch	66
POLICIAL	POLICEMAN	polismén	97
POLÔNIA	POLAND	pouland	86
POLTRONA	ARMCHAIR	armtchér	12
POLVO	OCTOPUS	óktupâs	91
POMBO	PIGEON	pígin	19
PONTE	BRIDGE	bridj	23
POR BAIXO / ABAIXO / EMBAIXO	BELOW	bilou	16
PORÃO	BASEMENT	beizmént	63
PORCO	PIG	pig	10
PÔR DO SOL / NASCER DO SOL	SUNSET / SUNRISE	sansét / sanraiz	117
PORÉM / CONTUDO / TODAVIA / ENTRETANTO	HOWEVER	hauéver	64
POR FAVOR	PLEASE	pliz	96
POR QUE	WHY	uai	133
PORTA	DOOR	dór	27 e 42
PORTA PRINCIPAL / PORTA DA FRENTE	FRONT DOOR	front dór	63
PORTÃO	GATE	gueit	53
PORTO	PORT	pórt	97
PORTO RICO	PUERTO RICO	puerto rico	86
PORTUGAL	PORTUGAL	pórtchugal	86
POTE	JAR	djar	69
POUCO(A) / PEQUENO(A)	LITTLE	litâl	76
POUSAR / ATERRISSAR	(TO) LAND	tu lénd	74
POVO / PESSOAS	PEOPLE	pipâl	94
PRAIA	BEACH	bitch	15
PRATA	SILVER	sílver	110
PRATO	PLATE	pleit	96
PREÇO	PRICE	prais	97
PRÊMIO / RECOMPENSA	AWARD	auórd	13
PREPARO FÍSICO / APTIDÃO	FITNESS	fitnes	49
PRESENTE	GIFT / PRESENT	guift / présent	54, 97 e 135
PRESIDENTE (de um grupo / de uma reunião)	CHAIRMAN	tchérmén	29
PRESUNTO	HAM	hém	40
PRETO	BLACK	bléck	34
PREZADO(A) / CARO(A) / QUERIDO(A)	DEAR	dir	39
PRIMAVERA	SPRING	spring	107
PRIMOS	COUSINS	kâzins	47

Português	Inglês	Pronúncia	Página
PRÍNCIPE	PRINCE	prins	98
PRISÃO	PRISON	prízon	98
PROBLEMA	PROBLEM	próblem	98
PROFESSOR(A)	TEACHER	títcher	120
PULSO	WRIST	rist	21
PUPILA	PUPIL	piupil	98
PUXAR / EMPURRAR	(TO) PULL / (TO) PUSH	tu pul / tu pâsh	98
Q	Q	kíu	99
QUADRA / QUARTEIRÃO / BLOCO	BLOCK	blók	20
QUADRADO	SQUARE	skuér	108
QUADRIL	HIP	hip	21
QUADRO	FRAME	freim	17
QUADRO-NEGRO	BLACKBOARD	blékbórd	20
QUADRÚPEDE	QUADRUPED	kuádruped	99
QUAL	WHICH	uítch	132
QUALIDADE	QUALITY	kuóliti	99
QUANDO	WHEN	uén	132
QUANTIDADE	QUANTITY	kuántiti	99
QUANTO? QUANTA? (contáveis)	HOW MUCH	hau mâtch	64
QUANTOS? QUANTAS? (incontáveis)	HOW MANY	hau méni	64
QUARENTA	FORTY	fôrti	89
QUARTA-FEIRA	WEDNESDAY	uénzdei	131
QUARTEIRÃO / QUADRA / BLOCO	BLOCK	blók	20
QUARTO / DORMITÓRIO	BEDROOM	bédrum	16 e 63
QUATRO	FOUR	fôr	89
QUE / O QUE	WHAT	uót	132
QUEBRA-CABEÇA	PUZZLE	pâzou	98
QUEIMAR	(TO) BURN	bârn	24
QUEIJO	CHEESE	tchis	23
QUEIXO	CHIN	tchin	21
QUEM	WHO	hu	133
QUENTE	HOT / WARM	hót / uórm	62 e 130
QUERER	(TO) WANT	tu uant	130
QUERIDO(A) / CARO(A) / PREZADO(A)	DEAR	dir	39
QUESTÃO / PERGUNTA	QUESTION	kuéstion	100
QUIETO / TRANQUILO / SOSSEGADO	QUIET	kuait	100
QUÍMICO	CHEMIST	kémist	30
QUINTA-FEIRA	THURSDAY	târzdei	131

Português	Inglês	Pronúncia	Página
R	R	ar	101
RÁDIO	RADIO	reidiou	101
RAINHA	QUEEN	kuín	99
RAIO	SPOKE / RAY	spouk / rei	17 e 102
RAIO-X	X-RAY	éks-rei	135
RAIZ	ROOT	rut	104
RAPAZ / MENINO	BOY	bói	22
RÁPIDO / LIGEIRO / VELOZ	FAST / RAPID	fést / rápid	48 e 102
RAPOSA	FOX	fóx	51
RAQUETE	RACKET	réket	101
RATO	MOUSE	maus	11
REALEZA / REAL / NOBRE	ROYAL	róial	104
RECEITA	RECIPE	récépi	102
RECOMPENSA / PRÊMIO	AWARD	auórd	13
RECREIO / INTERVALO	BREAK	breik	23
REDE	NET	nét	87
REDONDO	ROUND	raund	104
REFEIÇÃO	MEAL	mil	80
REFLETOR	REFLECTOR	riflékter	17
REFRIGERADOR / GELADEIRA	REFRIGERATOR / FRIDGE	refridjereitor / fridj	102
REFRIGERANTE	SODA	sóda	77
REI	KING	king	72
REINO UNIDO	UNITED KINGDOM	iunaited kingdom	86
RELÓGIO DE PULSO	WATCH	uótch	130
RELÓGIO (não portátil ou de pulso)	CLOCK	klók	31
REMETER / ENVIAR / MANDAR	MAIL / (TO) SEND	meiêl / tu sénd	78 e 107
REMO	OAR	ór	90
REPOLHO	CABBAGE	kébedj	127
RESPOSTA	ANSWER	énsêr	12
RESTAURANTE	RESTAURANT	réstrant	102
RETÂNGULO	RECTANGLE	réctangl	108
REVISTA	MAGAZINE	mégazin	78
RICO	RICH	ritch	103
RINOCERONTE	RHINOCEROS / RHINO	rainóceros / raino	11
RIO	RIVER	river	103
RISADA	LAUGH	léf	74
ROBÔ	ROBOT	roubót	103
ROCHA / PEDRA	ROCK	rók	103
RODA	WHEEL	uil	17 e 27
RODOVIA	HIGHWAY	háiuei	61

Português	Inglês	Pronúncia	Página
ROLO	ROLL	roul	103
ROSA (cor)	PINK	pink	34
ROSA (flor)	ROSE	rouz	50
ROTA	ROUTE	rut	104
ROUPA DE BAIXO / ROUPA ÍNTIMA	UNDERWEAR	ânderuér	125
ROUPA / VESTUÁRIO	CLOTHES	klouz	32
ROUPÃO DE BANHO	BATH ROBE	béfroub	32
ROUXINOL	NIGTHINGALE	naitingueil	18
ROXO / VIOLETA	PURPLE	pârpol	34
RUA	STREET	strit	116
RUÍDO / BARULHO	NOISE	nóiz	88
RUÍNAS	RUINS	ruins	104
RÚSSIA	RUSSIA	rúchá	86
S	S	és	105
SÁBADO	SATURDAY	sétêrdei	131
SABÃO	SOUP	soup	112
SABER / CONHECER / ENTENDER	(TO) KNOW	tu nou	72
SACOLA / SACO / BOLSA	BAG	bég	14
SAGRADO / SANTO	HOLY	houly	62
SAGUÃO DE ENTRADA	ENTRANCE HALL	éntrâns hal	63
SAIA	SKIRT	skârt	32
SAÍDA	EXIT	ékzit	45
SAIR	(TO) GO OUT	tu gou aut	55
SAIR / DESISTIR / ABANDONAR	(TO) QUIT	tu kuít	100
SAIR / IR EMBORA	(TO) GET OUT	tu gét aut	54
SAL	SALT	sólt	113
SALADA	SALAD	saled	40 e 77
SALA DE AULA	CLASSROOM	klésrum	31
SALA DE ESTAR	LIVING ROOM	livin rum	63
SALA DE JANTAR	DINING ROOM	dainin rum	63
SALAME	SALAMI	sâlâmi	23
SALSA / SALSINHA	PARSLEY	parsli	113
SALSICHA	SAUSAGE	sósedj	23 e 77
SALTO	JUMP	djamp	70
SALVA-VIDAS	LIFEGUARD	láifguard	75
SALVAR / GUARDAR / ECONOMIZAR	(TO) SAVE	tu seiv	105
SANDUÍCHE	SANDWICH	sénduich	23 e 77
SANGUE	BLOOD	blâd	20
SANTO / SAGRADO	HOLY	houli	62

Português	Inglês	Pronúncia	Página
SAPATO	SHOE	shu	109
SAÚDE	HEALTH	hélth	59
SAXOFONE	SAXOPHONE	séxoufon	83
SE	IF	if	65
SECO	DRY	drai	42
SEGUIR	(TO) FOLLOW	tu fólou	51
SEGUNDA-FEIRA	MONDAY	mandei	131
SEGURAR / RETER / PRENDER / AGARRAR	(TO) HOLD	tu hold	61
SEIO	BREAST	brést	21
SEIS	SIX	siks	89
SELO	STAMP	stémp	116
SELVA	JUNGLE	djângou	70
SELVAGEM	WILD	uâild	133
SEMÁFORO	TRAFFIC LIGHT	tréfik lait	123
SEMANA	WEEK	uik	131
SEMPRE	ALWAYS	óueis	09
SENHORA / DAMA	LADY	leidi	73
SENTAR	(TO) SIT	tu sit	110
SENTIR	(TO) FEEL	tu fil	49
SER / ESTAR	(TO) BE	tu bí	15
SEREIA	MERMAID	mérmeid	80
SESSENTA	SIXTY	siksti	89
SETE	SEVEN	séven	89
SETEMBRO	SEPTEMBER	septêmbêr	81
SETENTA	SEVENTY	séventi	89
SEXTA-FEIRA	FRIDAY	fraidei	131
SHORT	SHORTS	chórts	32
SILÊNCIO	SILENCE	sailéns	110
SIM	YES	iés	136
SINO	BELL	bél	16
SOB / DEBAIXO	UNDER	ânder	125
SOBRANCELHA	EYEBROW	aibrau	21
SOBRE / ACIMA DE / A RESPEITO DE	ABOVE	abâv	07
SOBRE / POR CIMA DE	OVER	ouver	92
SOBREMESA	DESSERT	dizért	40
SOBRINHO / SOBRINHA	NEPHEW / NIECE	néfiu / niss	47
SOCORRO / AJUDA	HELP	hélp	60
SOFÁ	SOFA	soufa	63
SOL - LUZ SOLAR / RAIOS SOLARES / BRILHO DO SOL	SUN / SUNSHINE	san / sanchain	117
SOLDADO	SOLDIER	soudjer	112
SOM	SOUND	saund	112
SOMAR / ADICIONAR	(TO) SUM / (TO) ADD	tu sâm / tu éd	117

Português	Inglês	Pronúncia	Página
SOMBRA	SHADOW	shédou	108
SOMENTE	ONLY	onli	92
SONHO	DREAM	drim	42
SOPA	SOUP	sup	40
SORTUDO	LUCKY	lâki	77
SORVETE	ICE CREAM	ais krim	65
SOSSEGO / CALMA	CALM	kalm	25
SÓTÃO	ATTIC	étik	63
SOZINHO / SÓ / SOLITÁRIO	ALONE	aloun	09
SUAVE / MACIO	SOFT	sóft	112
SUBIR	(TO) GO UP	tu gou ap	55
SUBIR / EMBARCAR	(TO) GET ON	tu gét on	54
SUBMARINO	SUBMARINE	sâbmarin	117
SUCO	JUICE	djus	23
SUÉCIA	SWEDEN	suíden	86
SUÉTER	SWEATHER	suéter	32
SUIÇA	SWITZERLAND	suítzerlénd	86
SUJO	DIRTY	dârti	41
SUL	SOUTH	sóuth	112
SUPERMERCADO	SUPERMARKET	supermarkt	118
SURFE	SURFING / SURF	sârfin / sârf	115 e 118
SURFE NA NEVE	SNOWBOARDING	snoubórdin	115
SURPRESA	SURPRISE	surpraiz	118
SUTIÃ	BRA	bró	32
T	T	ti	119
TABLET	TABLET	tâblet	119
TAÇA / XÍCARA	CUP	kâp	36
TCHAU / ADEUS	GOODBYE	gudbai	56
TAIWAN	TAIWAN	taiuón	86
TALHARIM / MACARRÃO	NOODLES	nudâls	40
TAMBÉM	ALSO	alsou	09
TANGERINA	TANGERINE	téndgerin	52
TANQUE DE COMBUSTÍVEL	FUEL TANK	fiuel ténk	27
TAPETE	CARPET	karpét	27
TARDE	AFTERNOON	éfternun	38
TARTARUGA-MARINHA	TURTLE	târtâl	123
TARTARUGA-TERRESTRE / JABUTI / CÁGADO	TORTOISE	tórtus	123
TEATRO	THEATRE / THEATER	tiatêr	121
TECLADO	KEYBOARD	kibórd	71

Português	Inglês	Pronúncia	Página
TELEFONAR / CHAMAR	(TO) CALL	tu kól	25
TELEFONE	PHONE / TELEPHONE	foun / télifoun	95 e 120
TELEVISÃO / TV	TELEVISION / TV	télevijan / tivi	120
TELHADO	ROOF	ruf	63 e 103
TEMPEROS / CONDIMENTOS / ESPECIARIAS	SPICES	spaices	113
TEMPO	TIME	taim	122
TÊNIS	TENNIS	tênis	115
TER	(TO) HAVE	tu hév	59
TERÇA-FEIRA	TUESDAY	tchuzdei	131
TERCEIRO / TERCEIRA PARTE	THIRD	târd	121
TERNO	SUIT	sut	32
TERRA (planeta)	EARTH	ârth	43
TESOURA	SCISSORS	sizors	106
TESOURO	TREASURE	tréjâr	124
TESTA	FOREHEAD	fôrhéd	21
TESTE / JOGO DE PERGUNTAS / QUESTIONÁRIO	QUIZ	kuíz	100
TIA	AUNT	ént	47
TIGRE	TIGER	taiguer	11
TÍMIDO / ACANHADO	SHY	shai	109
TINTA	INK	ink	67
TIO	UNCLE	ânkâl	47
TIRO COM ARCO E FLECHA	ARCHERY	ártcheri	114
TOALHA	TOWEL	taual	123
TOCAR / JOGAR / BRINCAR	(TO) PLAY	tu plei	96
TODO(S) / TODA(S) / TUDO	ALL	ól	09
TOLDO	AWNING	ónin	13
TOMATE	TOMATO	tomeito	127
TOPO / CUME	TOP	tóp	123
TÓRAX / PEITO	CHEST	tchést	21
TORNOZELO	ANKLE	énkâl	21
TORRADA	TOAST	toust	23
TORRE	TOWER	tauêr	123
TORTA	PIE	pai	95
TOUCA DE PAPAI NOEL	SANTA'S CAP	séntas kép	135
TOUCINHO	BACON	beikân	23
TRABALHO	WORK	uork	134
TRABALHO / EMPREGO	JOB	djób	69
TRAJE / ROUPA DE FANTASIA	COSTUME	kóstum	35
TRAPÉZIO	TRAPEZIUM	trapizium	108
TRAVESSEIRO	PILLOW	pilou	95
TREINADOR	COACH	koutch	33
TREM	TRAIN	trein	124
TRÊS	THREE	fri	89

Português	Inglês	Pronúncia	Página
TRIÂNGULO	TRIANGLE	tráiangl	108
TRILHA	TRAIL	treiêl	124
TRILHO	RAIL	reil	101
TRINTA	THIRTY	târti	89
TRISTE	SAD	séd	105
TROCAR / MUDAR / ALTERAR	(TO) CHANGE	tu tcheindj	29
TROCO	CHANGE	tcheindj	29
TROMBONE	TROMBONE	tromboun	83
TROMPETE	TRUMPET	trâmpit	83
TUBA	TUBA	tiuba	83
TUBARÃO	SHARK	chârk	108
TUCANO	TOUCAN	tukén	19
TUDO / TODO(S) / TODA(S)	ALL	ól	09
TUDO BEM / CERTO / ESTÁ BEM	OK / OKAY	oukei	91
TULIPA	TULIP	tiúlip	50
TURQUIA	TURKEY	târkei	86

Português	Inglês	Pronúncia	Página
U	U	iu	125
UM / UMA (artigo indefinido)	A / AN	ei / én	07
UM (numeral)	ONE	uân	89
UMBIGO	BELLY BUTTON	béli bâton	21
UM QUARTO	QUARTER	kuârter	99
UNHA / PREGO	NAIL	neil	84
UNIFORME	UNIFORM	iúnifórm	125
UNIR / LIGAR	(TO) JOIN	tu djóin	70
UNIVERSIDADE	UNIVERSITY	iúnivêrsiti	125
URSO	BEAR	bér	10
URUGUAI	URUGUAY	iuruguai	86
UVA	GRAPE	greip	52

Português	Inglês	Pronúncia	Página
V	V	vi	126
VACA	COW	kau	10
VAGEM	STRING BEAN	string bin	127
VALE	VALLEY	véli	126
VANTAGEM	ADVANTAGE	édvéntidj	08
VAQUEIRO	COWBOY	kaubói	36
VARINHA MÁGICA / VARA DE CONDÃO	WAND	uand	130

Português	Inglês	Pronúncia	Página
VASO	VASE	veiz	126
VASSOURA	BROOM	brum	24
VAZIO	EMPTY	émpti	44
VEGETAIS	VEGETABLES	védjitâbâls	127
VELA	CANDLE	kéndel	26
VELA (embarcação náutica)	SAIL	seil	105
VELHO	OLD	old	91
VELOZ	QUICK	kuík	100
VENCER / GANHAR	(TO) WIN	tu uín	133
VENDA / LIQUIDAÇÃO	SALE	sêil	105
VENDER	(TO) SELL	tu sél	107
VENTILADOR	FAN	fén	46
VENTO	WIND	uínd	133
VER / ENXERGAR	(TO) SEE	tu si	107
VERÃO	SUMMER	sâmer	107
VERDE	GREEN	grin	34
VERIFICAR / CHECAR	CHECK	tchék	30
VERME	WORM	uórm	134
VERMELHO	RED	réd	34
VESTIDO	DRESS	drés	32
VETERINÁRIO	VETERINARIAN / VET	véterinérian / vét	128
VIAGEM	VOYAGE	vóiidj	128
VIAJAR	(TO) TRAVEL	tu trévol	124
VIDA	LIFE	lâif	75
VIDRO / COPO	GLASS	glés	55
VINHO	WINE	uáin	40
VINTE	TWENTY	tuénti	89
VIOLÃO	GUITAR	guitar	83
VIOLETA	VIOLET	vaiolét	50
VIOLINO	VIOLIN	vaiolin	83
VIOLONCELO	CELLO	tchélou	83
VIR	(TO) COME	tu kam	34
VISTA	VIEW	viú	128
VITÓRIA	VICTORY	víktori	128
VIVER	(TO) LIVE	to liv	76
VIVO / COM VIDA	ALIVE	alaiv	09
VOAR	(TO) FLY	tu flai	50
VOCÊ	YOU	iú	136
VOGAIS	VOWELS	vâuels	128
VOLANTE	STEERING WHEEL	stiring uíl	27
VOLEIBOL	VOLLEYBALL	voleiból	115
VOO LIVRE	HANG GLIDING	heng glaidin	114
VOZ	VOICE	vóis	128

Português	Inglês	Pronúncia	Página
W	W	dábliú	129
WAFER	WAFER	ueifer	129
WINDSURFE	WINDSURFING	uindsârfin	115
X	X	éks	135
XAMPU	SHAMPOO	shampu	107
XEROCAR / FAZER CÓPIA	XEROX	zíroks	135
XÍCARA / TAÇA	CUP	kâp	36
XILOFONE	XYLOPHONE	zailofoun	135
Y	Y	UAI	136
Z	Z	zi	137
ZAGUEIRO	QUARTERBACK	kuárterbék	99
ZEBRA	ZEBRA	zibra	11 e 137
ZÊNITE	ZENITH	zênit	137
ZERO	ZERO	zírou	89
ZIGUE-ZAGUE	ZIGZAG	zigzag	137
ZÍPER	ZIPPER	zíper	137
ZOOLÓGICO	ZOO	zu	137
ZOOM	ZOOM	zum	137

NOTES (nouts) / ANOTAÇÕES

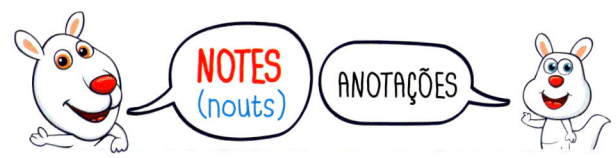